ŒDIPE ROI

Dans Le Livre de Poche :

ANTIGONE

(Traduction de Paul Mazon. Introduction, notes et
commentaires de Paul Demont.)

Victor-Henri Debidour, ancien professeur à la khâgne du Lycée du Parc,
à Lyon, est l'auteur d'une célèbre traduction de l'intégrale des comédies
d'Aristophane (Le Livre de Poche, n° 1544-1545).

Francis Goyet est professeur à l'Université de Grenoble III Stendhal et
membre de l'Institut Universitaire de France. Outre sa thèse d'État, à
paraître aux éditions Champion, et un essai de rhétorique contemporaine
paru aux P.U.F., il a publié au Livre de Poche cinq *Traités de poétique et
de rhétorique de la Renaissance* (n° 6720) et le *Traité du Sublime* de Longin
(sous presse).

Albin Lesky (1896-1981) a enseigné la philologie classique à l'Université
de Graz, puis à celle de Vienne. Parmi ses œuvres majeures, il faut signaler
une *Histoire de la littérature grecque (Geschichte der griechischen Lite-
ratur,* 1957), qui continue à faire autorité, *Homère* (1967), *La Poésie tragique des Grecs* (1972).

SOPHOCLE

Œdipe Roi

AVANT-PROPOS ET TRADUCTION NOUVELLE
DE VICTOR-HENRI DEBIDOUR

ANNOTATION ET POSTFACE DE FRANCIS GOYET

ŒDIPE ROI par ALBIN LESKY

LE LIVRE DE POCHE
classique

Cet ouvrage a été publié
sous la direction de Michel Simonin.

*Tous mes remerciements à Françoise Létoublon qui, avec
un sens aigu du kairos, m'a fourni au moment où j'en avais
besoin de précieuses références.*

F. G.

Avant-propos

La légende d'Œdipe est sans doute la plus célèbre de l'Antiquité. Elle n'est certes plus tout à fait aussi familière au lecteur d'aujourd'hui qu'aux foules athéniennes du Vᵉ siècle avant J.-C. Elle demeure cependant connue dans ses grandes lignes. Sans entrer ici dans le détail de la tradition mythographique, on sait que l'intrigue fait une assez large place au merveilleux.

Il est donc aussi évident qu'absurde de constater que le drame est criant d'invraisemblances. Aristote les signalait déjà, pour en décharger Sophocle, en faisant remarquer qu'elles résidaient non pas dans l'action de la pièce, mais dans les données qui lui sont préalables. L'argument ne vaut pas cher, pour un drame tout entier gouverné, plus que tout autre, par les faits et les volontés qui lui sont antérieurs et extérieurs. Au vrai, si l'on accepte d'entrer dans cette voie, c'est l'impasse à brève échéance. Quand on aura mis bout à bout toutes les invraisemblances matérielles et morales successives, les étonnantes coïncidences, les non moins surprenantes absences ou retards de curiosité des personnages et, d'autre part, les efforts faits par Sophocle de-ci de-là pour les atténuer, on n'aura pas prouvé que la pièce est bonne ou mauvaise.

Le grand tragique déblaie toutes choses autour du soleil noir du malheur et de la malédiction. Une pièce dont on critique la vraisemblance est une mauvaise tragédie, non pas parce qu'elle est invraisemblable mais parce qu'elle n'a pas su le faire oublier. Or pour Œdipe Roi, à le lire ou à le voir comme il doit l'être, c'est-à-dire en moins de deux heures de temps, ces objections sont balayées par le déroulement même du drame, par l'angoisse qui le noue : celle de la présence de plus en plus instante de la catastrophe. Si l'on oublie que le ciel tragique n'est pas celui sous lequel circule la petite monnaie de nos trafics, de nos calculs, de *nos intérêts et de nos ennuis quotidiens, on en arrivera tôt ou tard, à faire comme tel commentateur d'Université qui a le mérite d'aller jusqu'au bout de l'inintelligence tragique en s'étonnant que, puisque le Sphinx était à une porte de Thèbes et qu'il y en avait sept, on n'eût pas pensé à détourner la circulation par les six autres.*

Pour perdre les hommes, la fatalité tragique est obligée, peu ou prou, de les aveugler. L'égarement, c'est ce qui permet aux dieux qui perdent les hommes de faire que ces hommes se perdent en quelque manière eux-mêmes : il intériorise le drame. Dans la tragédie d'hérédité, l'égarement initial peut suffire : tel celui de Tantale, après quoi Atrée, Agamemnon, Clytemnestre, Oreste savent ce qu'ils font, et le font avec une clairvoyance sauvage. Dans la légende labdacide, il y a l'erreur de Laïos un soir d'ivresse : Apollon lui avait interdit d'avoir des enfants... Tout naît de cette naissance interdite.

Or le cas d'Œdipe est éminent par la complexité du thème : Œdipe est absolument renseigné ; il sait le destin qui lui est prédit, et c'est pour y échapper qu'il quitte Corinthe, venant en réalité s'y jeter à Thèbes. Mais, d'autre part, il est absolument aveuglé sur son parricide et son inceste. Tout le mouvement du drame, c'est l'éclaircissement progressif d'Œdipe, rejoignant peu à peu sa certitude initiale, mais en quelque sorte endormie. Ainsi le malheur d'Œdipe est à deux temps : d'abord le double crime ; mais tant qu'il est ignoré d'Œdipe et de tous, ce n'est pas un malheur ; littéralement, il n'existe pas : le meurtre lui-même n'est qu'un accident de légitime défense. Il y a donc sursis d'innocence, et non pas seulement de bonheur au début de la pièce, pour un Œdipe déjà criminel.

Le second temps, qui est véritablement celui du malheur tragique, c'est la révélation de l'horreur et l'éclat immédiat du châtiment. Pour perdre Œdipe les dieux l'ont d'abord aveuglé, puis ils l'éclairent, comme Athéna pour Ajax. C'est pourquoi il y a un tel pathétique, de bout en bout de la pièce, dans le thème continuellement évoqué, en un symbolisme puissant, de la cécité et de la clairvoyance, autour d'Œdipe, autour de Tirésias.

Ainsi Œdipe Roi est le progrès habilement ménagé d'une

enquête policière. Au début, il y a maldonne : ni Œdipe
ni Thèbes ne sont en face du vrai malheur : ils croient que
c'est la peste. Œdipe s'imagine qu'il s'agit d'élucider un
pénible et lointain fait divers : il s'agit pour lui d'aller à
la rencontre du noir secret de son destin, qu'il sait parfaitement et qu'il ignore absolument.*

*L'homme sur qui les dieux s'acharnent ainsi n'est pas un
coupable, au sens moderne du mot. Cet être, qu'ils ont
marqué des deux pires aspects des crimes de la violence –
le parricide – et de la chair – l'inceste – est peut-être la
plus noble figure masculine du théâtre grec. Il n'a pas de
remords, et, dans Œdipe Roi, il ne pense même pas qu'il
est en droit de ne pas en avoir. C'est que le drame ne se
place pas au niveau moral, où serait inconcevable l'idée
qui le gouverne tout entier, celle d'une responsabilité sans
liberté : nous sommes ici très près des données du droit
primitif, c'est-à-dire d'une notion toute matérielle du crime :
l'acte fait souillure, qu'il faut laver (on « jugeait » un cheval
qui, d'une ruade, avait tué son maître). Dès que la vérité
est révélée, ni Œdipe ni personne n'en discute les consé-
quences : Œdipe, marqué pour le crime et par le crime,
s'exécute : il s'aveugle et s'exile, ce qui est doublement
symbolique d'une suppression de soi. Il ne plaide pas, il
n'accuse pas les dieux. Nous sommes dans un étrange
univers de responsabilité absolue, sans qu'il y ait des res-
ponsables au sens moderne du terme. Pour nous le dilemme
serait clair : ou bien culpabilité d'Œdipe – mais qu'on nous
la fasse admettre ! – ou bien culpabilité des dieux – mais
qu'on nous la dénonce ! Mais non : Œdipe est un coupable
innocent : fatalité subie ; et les dieux sont des coupables
innocents : fatalité qui s'exerce. Ce n'est que dans Œdipe
à Colone, trente ans plus tard, qu'Œdipe plaidera, et que
les dieux, au terme de sa vie, pardonneront et se feront
pardonner.*

*Au début de la pièce Œdipe est roi, riche, puissant, et
heureux, entouré des soins de sa famille et de son peuple.
Il les mérite parce qu'il est généreux et bienfaisant – et c'est*

---

* Sophocle *retarde* le dénouement par des coups d'arrêt à deux ou trois
reprises. En quoi la pièce relève déjà de l'esthétique de la tragédie française
classique : l'art de retarder pendant cinq actes une catastrophe que l'on a
prise au plus près de son déchaînement.

justement ce dévouement à ses « enfants » qui le mettra sur la voie de sa ruine. Il descendra de ses « grandeurs d'établissement » mais non pas de sa magnanimité : c'est encore pour sauver sa ville et rester fidèle à ses engagements qu'il se sacrifie : et tel est le sens de l'admirable équilibre que célèbre Péguy entre le prélude et le finale du drame : au début, toute sa ville, tous ses « enfants » s'appuient sur Œdipe ; à la fin c'est Œdipe écrasé qui s'appuie sur sa petite enfant, Antigone...

Entre les deux, il y a le terrible tournant où la dignité morale d'Œdipe chancelle un instant. Lorsqu'il se sent atteint par Tirésias, dans cette grandeur de roi et de berger du peuple qu'il a si noblement conquise (et qu'il commence, comme tout bon roi, par respecter dans sa propre personne), il éclate en paroles âpres, brutales même. Entre la majesté royale du début – « Il n'y a rien de plus majestueux que la bonté répandue », écrit Bossuet – et la majesté supérieure de la misère au dénouement, l'orgueil de l'homme se cabre. À la fin seulement, avec cette « générosité » dans l'orgueil personnel et cette souveraineté dans la servitude qui sont la marque des grandes âmes païennes, Œdipe s'élève au niveau du sort sans exemple qui est le sien. Il n'est plus que malheurs ; et ces malheurs étant, de façon évidente, absolue, dus aux dieux, au seul poids des dieux sur lui, ils le nimbent d'une auréole noire, mais divine. Il est devenu un porte-destin jusqu'à la fin des âges, la vivante image du pouvoir des dieux.

Nous voilà bien loin des dosages mesquins de la Poétique *aristotélicienne, pour qui le héros de tragédie ne doit être ni tout à fait bon, ni tout à fait méchant. Œdipe n'est pas partiellement bon : il est pleinement noble, victime moralement intacte d'une conjuration inique, épuré par la souffrance même, et la supplication. Œdipe n'est pas partiellement méchant : il est l'atrocité et le crime faits homme, le maudit dont le nom seul épouvantera les braves gens de Colone. Qui mesurera, dans la façon dont tous s'écartent de lui ce qui est dû au désir de se désolidariser d'un criminel, et ce qui est dû à une sorte de vénération sacrée ? Cela, les Latins ont eu un mot qui le disait : il est* sacer.

Victor-Henri DEBIDOUR.

Sur la légende d'Œdipe

Œdipe Roi
par Aristophane le grammairien

Œdipe quitta Corinthe, où tous l'insultaient comme n'étant pas le fils de son père : il voulait demander à l'oracle pythique qui il était et qui était l'auteur de sa naissance. Or le malheureux, l'ayant rencontré sur une route étroite, tua sans l'avoir voulu son père Laïos. Puis, ayant trouvé la solution au chant de la Sphinx, il souilla le lit de sa mère, sans savoir qui elle était. Un fléau s'abattit alors sur Thèbes : une épidémie qui se prolongeait. Créon, envoyé au foyer delphique, devait s'informer du remède à ce mal : la voix prophétique du dieu lui révéla que ce remède serait de punir le meurtre de Laïos. Par suite, le pauvre Œdipe apprit qui il était : il se creva lui-même les deux yeux : sa mère, elle, se pendit.

Traduction de Jacqueline de ROMILLY.

1. *Oracle donné à Laïos*

Tu demandes, Laïos, enfant de Labdacos une heureuse
Je veux bien te donner un fils : mais ton destin   [lignée ?
sera de quitter la lumière tué par ton enfant :
ainsi l'a fixé Zeus le Cronide,
pour complaire aux noires imprécations de Pélops*
dont tu as ravi le fils ;
et lui t'a souhaité tout cela.

Cette version de l'oracle est celle qui figure dans l'argument des *Phéniciennes* d'Euripide.

---

* Laïos, en effet, réfugié chez Pélops, avait conçu une passion pour le jeune Chrysippos, fils de Pélops ; il l'enleva et fut maudit par le père.

2. *L'énigme de la Sphinge*

Sur terre il est un être à deux, quatre, trois pieds,
et même voix toujours ; le seul dont le port change
parmi tous ceux qui vont rampant au ras du sol,
qui montent dans les airs ou plongent dans l'abîme.
Quand, pour hâter sa marche, il a le plus de pieds,
c'est alors que son corps avance le moins vite.

(*Anthologie Palatine* XIV, 64)

3. *...et sa solution*

Muse des morts aux tristes ailes,
entends, même s'il te déplaît,
le mot-réponse à ton énigme.
Oui, c'est de l'homme qu'il s'agit :
lorsqu'il se traîne sur la terre
d'abord, il va sur quatre pieds,
petit enfant qui vient de naître.
Devenu vieux, sur un bâton,
son troisième pied, il s'appuie,
la tête lourde à ses épaules
et le corps ployé par les ans.

(Argument des *Phéniciennes*)

4. *La Sphinge*

Fille qui rampe, vole et marche,
lionne qui laisse en courant
une piste aux formes hybrides...
Une femme ailée par devant ;
au centre un fauve frémissant ;
à l'arrière un serpent lové.
Elle s'en va, femme ou reptile,
fauve, oiseau ? Non, rien d'achevé.
C'est une fille... Où sont les pieds ?
Un fauve grondant ?... Mais la tête ?
Ah ! quel mélange hétéroclite
et parfait d'êtres imparfaits !

(*Anthologie Palatine*, XIV)

L'auteur de ce texte, Mesomède, est un poète lyrique ayant vécu à l'époque d'Hadrien.

Traductions de Félix Buffière, *Anthologie Palatine*, XIV (Édition « Les Belles Lettres »).

Œdipe Roi

par

Albin LESKY

Le classement chronologique des tragédies de Sophocle que l'on tient pour le plus vraisemblable montre qu'*Œdipe Roi* y occupe une place médiane. C'est en soi un symbole car avec cette pièce nous sommes au cœur de la poésie sophocléenne.

Un passage d'*Œdipe Roi* se trouve parodié dans les *Acharniens* d'Aristophane, v. 27*. La pièce a donc dû être représentée avant 425. On ne peut dire avec certitude que la description de l'épidémie, qui déclenche le cours des événements mais demeure sans importance dans le déroulement ultérieur de la pièce, fasse revivre les souvenirs de la peste de 429. Ce n'est pas une épidémie de peste mais une altération générale des humains, du bétail et de la terre qui est décrite comme celle dont les Erinyes menacent l'Attique dans l'*Orestie*. S'il y a donc un lien avec cette année terrible, il ne peut être que très lâche. En tout cas, assigner la première moitié des années vingt comme une époque de la représentation n'est rien moins que certain.

Première observation d'ordre formel : la puissance et l'harmonie de la composition sont relativement neuves, par rapport aux pièces antérieures. Œdipe n'est pas simplement un motif dramatique central. À l'exception du récit du messager et de quelques transitions mineures, il n'y a pas une scène qui ne soit marquée par sa présence. *Électre* offre le même caractère. Dans les deux pièces, l'importance du personnage central pour le sujet trouve son exacte contrepartie dans la place qui lui est faite au sein de l'édifice dans son ensemble. Nous attribuons la perfection d'une telle harmonie à l'essence de l'art classique.

On a qualifié *Œdipe Roi* de tragédie « analytique** » parce que les événements décisifs précèdent la pièce et que les rets du destin enserrent déjà Œdipe. La façon dont l'homme, par ses vains efforts pour se dégager, se prend toujours davantage aux mailles du filet et finit par tout ruiner, forme dans cette pièce un chef-d'œuvre de concentration et de tension, qui n'a aucun équivalent dans la litté-

---

* Le vers contient certes les mots « Patrie ô ma patrie » (gr. : *Ô polis, polis*), effectivement prononcés par Œdipe au vers 629 ; mais l'argument reste faible *(N.d.E.)*.

** Schiller parle d'« analyse tragique » au sens où la pièce éclaire surtout la signification d'événements antérieurs *(N.d.E.)*.

rature dramatique. C'est par des traits d'une fondamentale simplicité que le poète obtient un tel effet. Ainsi, Laïos, le roi de Thèbes, effrayé par un oracle, a jadis fait abandonner l'enfant qu'il avait eu dans la solitude désolée du Cithéron. Le valet chargé de cette mission confia l'enfant à un berger de Corinthe, qui le conduisit dans cette cité et le remit au roi Polybe. De fait, les deux personnages, le berger et le valet, assument par la suite dans le cours de l'action d'importantes fonctions et c'est précisément cette conjonction qui permet l'extrême harmonie de la construction dramatique. Le valet, qui dut abandonner l'enfant, est le seul réchappé de la rixe fatale à la croisée des trois routes phocidiennes. C'est là qu'Œdipe, fuyant l'oracle du dieu delphique qui lui prédisait le meurtre de son père et le mariage avec sa mère, emporté par sa colère, frappa à mort le vieux Laïos. Cependant le berger corinthien réapparaît dans la pièce en qualité de messager pour annoncer, à un moment crucial, la mort de Polybe.

Empli de bonté et de sollicitude, Œdipe a, au début de la pièce, répondu aux plaintes de la Cité. L'arrivée de Créon, chargé d'interroger le dieu de Delphes sur la cause de l'épidémie dévastatrice, est imminente. Il apporte la sentence divine qui exige réparation pour le meurtre de Laïos. C'est avec un chaleureux empressement qu'Œdipe se charge de la mission delphique, dont il est la cible. On mande Tirésias, le devin aveugle, mais ce dernier se refuse à parler. Œdipe l'ayant poussé à bout par d'injustes soupçons, il crie au roi – lui, l'aveugle s'adressant au prétendu clairvoyant – qu'il est lui, Œdipe, le meurtrier, et que son mariage est révoltant. Cette révélation survient si brusquement, elle est si contraire aux apparences que nul ne la prend au sérieux ; Œdipe moins que tout autre. Sa prompte pensée se fourvoie dans une autre direction. Il croit discerner un mauvais coup de Créon, désireux de régner lui-même sur Thèbes. La sentence de mort est déjà prête et Jocaste doit s'interposer pour éviter le pire puis elle apaise son époux : qu'est-ce donc qu'un devin et des oracles ? Apollon n'a-t-il pas prédit que Laïos serait assassiné par son fils ? Mais l'enfant est mort sur le Cithéron et ce sont des brigands qui ont tué Laïos à un carrefour. Toute tentative d'apaisement est en même temps, dans cette pièce, un pas de plus vers la catastrophe. C'est avec un mortel effroi qu'Œdipe se rappelle son geste à la croisée des trois routes phocidiennes. Mais Jocaste a parlé de voleurs, d'une pluralité de coupables ! Voilà l'espoir ! et le serviteur, qui fut alors le seul rescapé et vit maintenant à la campagne, doit pouvoir procurer une certitude. Sur ces entrefaites survient le messager corinthien qui annonce la mort de Polybe. Ce dernier passe encore aux yeux d'Œdipe pour son père et Jocaste se croit de nouveau autorisée à tourner en dérision l'oracle d'Apollon. Œdipe a lui aussi le sentiment de se soustraire à la fatalité qui fait de lui le futur meurtrier de son père. Mais il y a bien, certes, la seconde partie de l'oracle selon laquelle il épouserait sa mère, et sa mère vit encore à Corinthe.

Il s'en suit à nouveau un apaisement lourd de présages. Le messager révèle ce qu'il sait sur l'origine d'Œdipe. Il n'était que le fils adoptif du couple royal corinthien, un enfant trouvé du Cithéron, où un serviteur l'avait remis au Corinthien. C'est alors que les voiles se déchirent aux yeux de Jocaste qui veut maintenant empêcher Œdipe de poursuivre ses recherches. Mais sa tentative pour arrêter la roue du destin est infructueuse. Désespérée, elle se hâte de regagner l'intérieur du palais. La prompte intelligence de son mari se précipite encore dans une mauvaise direction. Jocaste peut bien redouter qu'il ne soit de basse extraction, lui, en revanche, s'enorgueillit – quel sommet d'ironie tragique ! – d'être un enfant de la Fortune. C'est pour le chœur le mot clé qui déclenche l'un de ces chants où l'allégresse retentit une dernière fois avant la catastrophe. Les dieux ne sont-ils pas nombreux à planer sur les monts ? L'un d'eux peut bien avoir là-haut* engendré la chère personne du roi. Survient alors le serviteur qui, autrefois, prit la fuite au carrefour des trois routes, celui-là même qui devait abandonner l'enfant. Il est difficile de l'amener à parler mais tout se dresse maintenant devant Œdipe dans une terrible clarté. Il se précipite dans le palais, trouve Jocaste pendue et s'enfonce dans les yeux ses agrafes** afin de sceller pour toujours la source de la vue. Aveuglé, il chancelle sur la scène, fait à ses filles d'émouvants adieux et se prépare à plonger dans la misère.

Pour comprendre cette œuvre puissante une question doit tout d'abord être éclaircie, qui, aujourd'hui, n'en est presque plus une. Est-ce pour Œdipe l'expiation d'une faute ? Aristote (*Poétique* 13. 1453 a 10) explique sa chute par un manquement *(hamartia tis)* mais, ayant exclu peu auparavant toute méchanceté morale *(kakia kai mochthèria)*, on ne peut douter que ce manquement au bien ne concerne pas la morale***.

Il est ainsi fait bonne justice de toutes les tentatives dépréciatives réductrices pour établir à l'endroit de cette tragédie un équilibre comptable entre la culpabilité et l'expiation et pour ramener la puissance inouïe de son élément tragique à un simple exemple

* v. 1080 et v. 1086 à 1109, sur les pentes du Cithéron.
** v. 1278/79 : *chrysèlatous pèronas* : « ses agrafes d'or » ; « ihre Spangen », ses agrafes, dans le texte d'Albin Lesky.
*** Aristote : « C'est le cas de l'homme qui, sans être éminemment vertueux tombe dans le malheur. Non à raison de sa méchanceté et de sa perversité mais à la suite de l'une ou l'autre erreur qu'il a commise » (trad. J. Hardy).

moral. De même l'acte commis à la croisée des trois routes, où Œdipe brusquement échauffé porta un coup mortel à un vieillard inconnu, ne peut pas être d'une telle gravité, du moins selon la conception des Grecs. La prompte pensée d'Œdipe, si aisément portée à l'obstination, n'est aucunement coupable mais ne prend tout son sens que par opposition à la redoutable supériorité du divin qui va son chemin inexorablement, sans être arrêté par tout ce déploiement de vain vouloir. Cette supériorité est si grande, elle fait voler en éclats le bonheur humain avec une si meurtrière sûreté, que souvent l'on ne voit qu'elle et que l'on a voulu définir notre pièce comme tragédie de la fatalité. Beaucoup ont même franchi un pas de plus, pensant pouvoir appliquer cette formulation à la tragédie grecque dans son ensemble. On peut se dispenser d'évoquer ici cette erreur mais *Œdipe*, ainsi, n'est qu'à demi compris. Car ce roi n'est pas un homme passif, qui attend son destin sans réagir, il l'affronte avec grandeur et s'en empare avec une ardeur dans la recherche de la vérité et un élan dans l'aptitude à souffrir qui font de lui l'une des grandes figures de la scène tragique. Le valet se débat devant le dernier dévoilement de l'horreur (v. 1169-1170). « Hélas, j'en suis au plus cruel à dire. » Œdipe répond : « Et pour moi à entendre. Pourtant je l'entendrai*. » Ce mot contient tout à la fois son destin et la grandeur de sa propre nature. Tycho von Wilamowitz et d'autres après lui ont contesté à Sophocle l'aptitude à peindre des caractères achevés. De fait, il est vrai qu'il nous faut distinguer la façon dont le poète met en avant ses personnages de l'individualisation des caractères dans l'art dramatique moderne, sans aborder la question de savoir si la prédominance de l'élément psychologique est uniquement un avantage pour cette forme d'art. Il est également incontestable que, dans certains cas, un poète de l'antiquité sera plus soucieux de bien conduire le déroulement de l'action que de dessiner des personnages individuels avec constance. Mais, il faut bien voir surtout que Sophocle, partant du matériau mythique, a créé des personnages qui, certes, ne sont pas des caractères au sens de la psychologie moderne, mais bien de puissantes personnalités, dont le génie se concentre autour d'un foyer central. Dégagés de toute contingence purement individuelle, ils forment, dressés devant nous avec leurs traits essentiels, un héritage inoubliable. Œdipe lui aussi est parmi eux.

L'homme de grande envergure à l'inflexible volonté est également dans cette tragédie doté d'une disposition prosaïque à céder et à pactiser avec la déraison. Ce que Jocaste énonce en principe « Vivre au hasard, comme on le peut, c'est de beaucoup le mieux

---

* Traduction Paul Mazon.

encore* » (v. 979) forme le plus vigoureux contraste concevable avec le chemin suivi par Œdipe.

Œdipe Roi précisément respire le divin jusque dans le détail. Mais quels sont ces dieux qui plongent l'homme dans la plus profonde misère sans que nous en connaissions la raison ? Sommes-nous face à des dieux empreints de cruauté pour qui l'homme est un jouet ? C'est ainsi qu'Hofmannsthal, dans *Œdipe et le Sphinx*, a réinterprété la légende, conception tout à fait étrangère à Sophocle. On remarquera, que dans cette même pièce qui nous offre le plus terrible spectacle, sans interpréter comme Eschyle l'a fait du destin humain, les lois divines éternelles nées au plus haut du ciel sont présentes dans un stasimon**. On aurait pu dire également à la fin de la pièce : il n'y a rien ici qui ne soit Zeus. L'accomplissement redoutable de la puissance divine échappe à l'intelligence humaine mais elle est toujours légitime et vénérable. Lorsque Sophocle écrivit cette pièce, l'emprise de la sophistique s'étendait depuis longtemps sur tout ce qui sanctifiait la tradition. Sophocle a exprimé dans l'intermède choral précité son refus de la nouveauté subversive avec autant de netteté que dans le premier stasimon d'*Antigone*.

Phénomène indubitable mais difficile à expliquer, nous sortons d'une représentation d'*Œdipe Roi* avec un sentiment d'exaltation et même de joie. Mais cet état pourrait contribuer dans une mesure qui n'est pas mince à ce que le poète nous amène à contempler durablement par-delà toute notre terreur et notre effroi un ordre majestueux qui, transcendant le cours changeant des choses et les souffrances des individus, conserve une valeur éternelle.

Albin Lesky.

** v. 865-867 « Les lois qui leur commandent siègent dans les hauteurs ; elles sont nées dans le céleste éther et l'Olympe est leur père » (trad. Mazon).

Note sur la mise en scène*

Il reste beaucoup d'incertitudes dans la reconstitution d'une mise en scène antique. En particulier, on se souviendra que les manuscrits n'ont transmis aucune division en actes ou en scènes, aucune indication scénique, aucune didascalie – celles qu'on trouvera ici sont tirées de la compréhension du texte. Néanmoins, de façon générale, la scène du théâtre grec comprend un bas et un haut, le bas pour le chœur, le haut pour les acteurs.

En bas se trouve l'*orchestra*, aire en terre battue d'une vingtaine de mètres de diamètre, littéralement « lieu où l'on danse ». C'est là que danse et que chante le chœur, composé de quinze personnes, qui ne sont pas des acteurs professionnels, mais des citoyens athéniens, costumés et pourvus de masques. Le chœur évolue autour de l'autel de Dionysos où se tient peut-être le chef du chœur ou coryphée. Dionysos, nommé ici Bacchus, est en effet le dieu à l'origine de la tragédie, spectacle donné en son honneur, sans qu'on sache très bien si le bouc (*tragos* dans *tragôidia*) était la victime d'un sacrifice ou la récompense d'un concours de chant. Ce poids du religieux est particulièrement sensible ici à la fin de la parodos, p. 15, qui invoque Dionysos.

Les évolutions autour de l'autel sont repérées par les mots de « strophe » et « antistrophe ». *Strophè* signifie au propre « action de se tourner ». Il faut comprendre que le chœur danse en chantant (ou psalmodiant) la première strophe et se dirigeant dans une des directions de l'*orchestra*. L'antistrophe est une strophe dont les vers et donc la musique sont exactement semblables : même danse, mais « anti- », c'est-à-dire en repartant dans le sens inverse. Cette correspondance vaut aussi pour le sens. L'antistrophe répond ou prolonge la strophe avec laquelle elle fait pour ainsi dire la paire. C'est particulièrement net ici pour la strophe et l'antistrophe II de la parodos : mort des hommes dans la strophe, déploration des femmes dans l'antistrophe. De même, la strophe III décrit le dieu de la destruction et l'antistrophe III en appelle aux dieux pour le détruire lui-même. La traduction des strophes en vers français de longueur variable tente de donner une équivalence, forcément approximative, de la diversité des vers grecs utilisés. On sait que le nombre de syllabes du vers français ne correspond

* On se reportera également à l'Introduction d'*Antigone* (Le Livre de Poche, n° 6909) pour ce qui a trait à la représentation tragique et à la légende de Thèbes.

pas au principe de la quantité du vers grec, c'est-à-dire aux oppositions de syllabes brèves et longues. Jean Bollack* donne une description détaillée des vers utilisés dans tous les chants du chœur, avec des tentatives pour leur donner du sens. Rappelons que les parties dialoguées, en prose dans la traduction française, sont des vers au rythme proche de la prose : les trimètres iambiques.

Les moments chantés et dansés par le chœur se répartissent tout au long de la pièce. L'essentiel est de comprendre que ces moments ne sont en aucune façon un simple hors-d'œuvre, une sorte de divertissement chanté qui aurait pour but de détendre l'atmosphère. Ce serait plutôt l'inverse : le religieux prime. D'un point de vue formel, la pièce est divisée en fonction du chœur, puisque le mot « épisode », *ep-eisodios*, qui désigne à peu près les actes d'une pièce française, signifie une partie du drame délimitée par deux entrées ou *eisodos* du chœur. Sur le fond, on se rendra aisément compte de l'extrême intensité dramatique qui règne dans ces moments : le *kommos* central (v. 650-696) est par exemple le moment capital pour faire pression sur Œdipe (note 1, p. 46).

En haut et au-delà de l'*orchestra* s'élève un bâtiment de bois qui sert de coulisses, appelé *skènè*, « baraque », d'environ 12 mètres sur 4. Il a une grande porte centrale par où sortent les acteurs, porte qui est toujours l'endroit décisif : c'est celle où apparaît Œdipe au tout début. La *skènè* a sans doute aussi deux accès latéraux, celui de gauche représentant par convention le monde extérieur à la cité et celui de droite la cité elle-même. À partir de Sophocle, sur le mur de la *skènè* est peint un décor qui souligne l'unité de lieu : ici, le palais royal. Devant la *skènè* est dressée une estrade très étroite où évoluent les acteurs. Elle est légèrement surélevée par rapport à l'*orchestra* : le chœur ou les personnages y accèdent ou en descendent par quelques marches. Enfin, sur cette estrade les acteurs eux-mêmes sont surélevés grâce à des chaussures spéciales, sortes de socques en bois de quelque quinze centimètres de haut, les cothurnes. Les acteurs ont de grands vêtements amples aux riches couleurs, très différents de ceux de la vie quotidienne, et ils portent des masques qui les font reconnaître de loin et servent aussi de porte-voix, puisque les acteurs sont souvent à près de cinquante mètres du spectateur.

Autant les interventions du chœur évoquent le monde du sacré, autant celles des acteurs nous plongent dans le monde profane, très proche en particulier de l'affrontement juridique. Les acteurs s'affrontent comme des parties au tribunal, face à ce juge muet que représente le chœur toujours présent. L'affrontement se nomme *agôn*, « la lutte, le combat », et proprement l'antagonisme. À partir

* *L'Œdipe Roi de Sophocle*, t. I, pp. 307-335.

d'Eschyle, on a deux acteurs, professionnels, qui se partagent tous les rôles. Sophocle introduit un troisième acteur. Cela signifie que, chez Eschyle, on ne peut jamais avoir sur scène que deux personnages. Cette contrainte va de pair avec l'antagonisme frontal du procès. On le trouve ici très clairement dans les grandes scènes entre Œdipe et Tirésias, puis entre Œdipe et Créon, lorsque chacun cherche à accuser l'autre et à le désigner comme la victime expiatoire. La violence de ces scènes est tout humaine, pleine d'injures et de coups bas, dans un style très brutal.

L'affrontement juridique est indissociable de la culture rhétorique des Grecs. D'un côté, la progression du drame d'*Œdipe Roi* a une trame juridique : Œdipe se constitue en vengeur officiel, il soumet le pâtre de Laïos à un interrogatoire serré, etc. Mais, d'un autre côté, cela signifie aussi que tout témoignage doit être soumis à l'examen, comme au tribunal. La rhétorique vient ici à point comme école du soupçon. Friands de procès, les Athéniens de l'époque de Sophocle avaient coutume d'entendre développer par chaque partie des versions des faits tendancieuses et souvent contradictoires. Il ne faut pas croire qu'ils prenaient pour argent comptant les discours de chaque avocat. La conséquence est importante ici pour les grands récits, celui du meurtre de Laïos par Œdipe, celui de la pendaison de Jocaste par le valet. C'est à chaque fois *une* version des faits, et non la « vérité », qui nous est proposée. Au public de soupeser ce qu'elle contient de véritable, et surtout de se situer par rapport au débat qui fait rage. En d'autres termes, le public pratique l'analyse textuelle comme monsieur Jourdain fait de la prose, du moins dès qu'on se replace dans le contexte du tribunal et du procès.

Parterre et estrade, le bas et le haut correspondent ainsi à deux mondes séparés. En bas le commun des mortels, en haut les héros et les princes, surdimensionnés par masques, cothurnes et vêtements. Le bas est d'ailleurs plutôt le lieu du sacré et de la collectivité, le haut étant le lieu hors Vérité de l'affrontement entre grands personnages. La somme des deux donne une bonne image de la façon dont les Grecs concevaient le lien social et l'unité de la cité. En pratique, on ne sait trop du reste comment évoluaient acteurs et chœur les uns par rapport aux autres. Dans *Œdipe Roi*, on voit en tout cas que ces deux mondes communiquent par les marches. Elles sont ici envahies par toute une foule assise, dans l'attente que la porte centrale s'ouvre et que paraisse le Surhomme qui les délivrera du mal. Cette foule de suppliants occupe peut-être aussi l'*orchestra* ou parterre. Ce serait l'une des raisons pour laquelle Œdipe la congédie aux v. 142-143 afin d'assembler à la place « le peuple » (v. 144), c'est-à-dire le chœur.

N. B. Les mots grecs sont donnés à la forme qui permettra au non-helléniste de les retrouver dans le Dictionnaire Bailly : *au nominatif singulier pour noms et adjectifs, à la première personne du singulier* pour les verbes. Le *h* initial transcrit non une lettre, mais l'esprit rude (ʽ) : *hybris* pour ὕβρις.

Abréviations : gr. = grec ; fr. = français ; litt. = littéralement ; trad. = traduction.

La référence à *Antigone* renvoie uniquement à la pièce de Sophocle, dont on consultera avec profit l'édition en Livre de Poche, n° 6909, avec de nombreux commentaires généraux sur la tragédie grecque ainsi que sur l'œuvre et la vie de Sophocle (la date d'*Œdipe Roi* nous reste inconnue). Autour du mythe d'Œdipe, il faudrait lire au moins *Les Phéniciennes* d'Euripide et *Œdipe à Colone* de Sophocle, où Œdipe récuse comme mensongères les accusations qui l'avaient amené à se crever les yeux.

                                                    Francis GOYET.

Généalogie des Labdacides

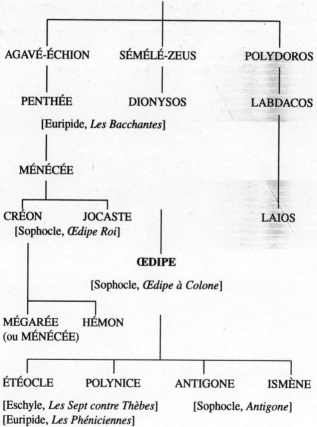

CADMOS-HARMONIE

AGAVÉ-ÉCHION SÉMÉLÉ-ZEUS POLYDOROS

PENTHÉE DIONYSOS LABDACOS

[Euripide, *Les Bacchantes*]

MÉNÉCÉE

CRÉON JOCASTE   LAIOS
[Sophocle, *Œdipe Roi*]

ŒDIPE

[Sophocle, *Œdipe à Colone*]

MÉGARÉE HÉMON
(ou MÉNÉCÉE)

ÉTÉOCLE POLYNICE ANTIGONE ISMÈNE

[Eschyle, *Les Sept contre Thèbes*] [Sophocle, *Antigone*]
[Euripide, *Les Phéniciennes*]
[Euripide, *Les Suppliantes*]

Les hauts lieux de la légende

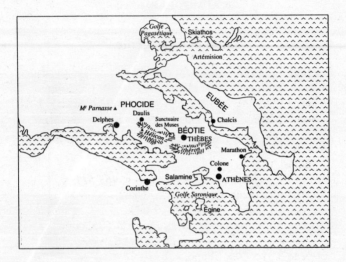

Œdipe Roi

Plan de la tragédie

* La notion d'actes, qui n'est pas grecque, est ajoutée pour plus de clarté. Elle vient de Voltaire, dans ses remarques sur *Œdipe Roi*.

PERSONNAGES
selon l'ordre d'entrée en scène

ŒDIPE, *roi de Thèbes, que l'on croit et qui se croit fils de Polybe, roi de Corinthe.*

LE PRÊTRE de Zeus.

Jeunes gens et enfants de Thèbes, *figurants muets.*

CRÉON, *frère de Jocaste, beau-frère d'Œdipe.*

LE CHŒUR de nobles thébains [voir v. 911], dirigé par le Coryphée.

TIRÉSIAS, *devin aveugle.*

JOCASTE, *reine de Thèbes, veuve de Laïos et épouse d'Œdipe.*

UN MESSAGER de Corinthe.

UN VIEUX PÂTRE jadis au service de Laïos.

UN VALET attaché au palais de Thèbes.

ANTIGONE et ISMÈNE, filles d'Œdipe, *personnages muets.*

La scène est à Thèbes, devant le palais d'Œdipe, dont l'entrée est flanquée de deux autels – l'un d'entre eux dédié à Apollon. Sur les degrés, une délégation d'enfants et de jeunes gens, avec des rameaux chargés de bandelettes sacrées. Ils sont tous prosternés. Debout, tourné vers le palais, le prêtre de Zeus, qui les conduit. La porte s'ouvre à deux battants. Œdipe paraît. Bref jeu de scène majestueux et pathétique, dans le silence.

[PROLOGUE]

[1. ŒDIPE, LE PRÊTRE, LES SUPPLIANTS]
[2. Les mêmes, plus CRÉON]

ŒDIPE

Mes enfants, jeune lignée de l'antique Cadmos[1], d'où
vient que je vous vois ainsi m'assiéger[2], figés devant
moi, avec des rameaux suppliants[3] pour couronner
votre geste, tandis que la ville est pleine de fumée
5 d'encens, pleine de litanies et de lamentations ? J'ai
jugé de mon devoir de ne pas laisser d'autres que vous,
mes enfants, venir m'en informer. Voyez : je viens en
personne, moi, dont la gloire et le nom sont dans toutes
les bouches[4], Œdipe ! *[Au prêtre de Zeus.]* Eh bien,
vieillard, explique-moi : ta naissance te désigne pour
10 être leur porte-parole. À quoi tend votre démarche ?
Est-ce la crainte qui l'a dictée, ou un élan de l'âme[5] ?
Ah ! certes, je voudrais tout faire pour vous donner mon
appui : je serais sans cœur si je ne prenais pas pitié de
vous[6], quand vous m'assiégez ainsi !

LE PRÊTRE

Oui, Œdipe, souverain de mon pays[7], nous voici blottis
15 près de tes autels ! Tu vois nos âges : les uns, trop
faibles encore pour un long essor, les autres chargés
d'années – moi par exemple, prêtre de Zeus – et ici
l'élite[8] de nos garçons. Le reste de la nation, couronné
comme nous, est prosterné sur les places, aux abords
20 de deux temples de Pallas, et près des reliques

d'Ismenos le prophète. C'est que la cité, tu le vois
toi-même, plie sous la rafale d'un ouragan, sans pouvoir
lever la tête hors des abîmes de ce roulis sanglant. La
25 mort est sur elle, enfermée dans le germe des récoltes
de son sol. La mort est sur le bétail qui broute ses
pâturages, sur ses femmes qui ne mettent au monde
que des enfants mort-nés[1]. Diabolique, incendiaire, fou-
droyante[2], fonce des cieux sur la ville une peste atroce
qui fait de Thèbes un désert. Et le Prince noir, le Sei-
30 gneur d'Enfer[3], s'engraisse de gémissements et de sanglots...

Si nous nous agenouillons devant ton foyer, ce n'est
pas que nous te mettions au rang des dieux, ni ces
enfants ni moi, mais nous voyons en toi un homme
qui n'a pas son égal ici-bas dans les passes difficiles
de la vie, et pour désarmer les puissances surnaturelles[4].
35 C'est toi qui as aboli, en arrivant à Thèbes, l'impôt que
levait sur nous le Sphinx[5]. Nous ne t'avions fourni
pourtant ni informations ni directives plus amples qu'à
tout autre : mais le Ciel te donna son appoint – on le
dit et on le pense – pour régénérer notre destin.

40 Eh bien, aujourd'hui encore, Œdipe, ô toi qui
imposes à tous le visage de ta supériorité, regarde, nous
nous tournons vers toi, nous te supplions tous de nous
trouver un recours. Peu importe que tu en doives la
révélation à la voix d'un dieu, ou le secret à un homme.
Car s'il est des conseils qui aient force de vie, plus que
tous les autres, par les suites qu'ils ouvrent, ce sont
45 bien, je le vois, ceux des gens d'expérience[6].

Ô toi dont les vertus sont sans égales ici-bas, va,
redresse la cité ! Va, ne t'endors pas ! Ce pays pour ton
zèle de jadis te donne aujourd'hui le nom de Sauveur :
et notre redressement ne se solderait que par une nou-
50 velle débâcle ? Ce serait là le bilan de ton règne ? Non !
Relève la cité, assure à jamais son avenir ! Une grâce
du ciel s'est posée sur toi jadis, pour te permettre de
restaurer notre destin : ce que tu fus alors, sois-le maintenant encore ! Car si tu dois continuer à régner sur ce
55 sol, aimeras-tu mieux régner[7] sur un désert plutôt que
sur des hommes ? Une citadelle, un navire, c'est néant

s'ils sont vides[1], s'il n'y a pas une communauté humaine pour les peupler !

ŒDIPE

Mes pauvres enfants, je n'ignore pas, ah ! comment ignorerais-je quel désir a dicté votre démarche ! Oui,
60 le mal est sur vous tous, je le sais : et ce mal me fait mal plus qu'à nul d'entre vous. Car votre douleur à chacun n'atteint que lui-même, lui seul, et s'arrête là. Mais moi, mon cœur gémit sur la cité, et sur vous et sur moi-même tout ensemble. Ah ! je ne me berçais
65 point dans l'inertie. Vous venez m'alerter ? Mais j'ai déjà versé bien des pleurs, arpenté bien des chemins dans les dédales de mon souci[2], sachez-le !

Après mûre réflexion, ce qui m'est apparu comme unique remède, je l'ai fait. J'ai délégué Créon, mon
70 beau-frère, auprès d'Apollon pythien[3], je l'ai chargé de s'enquérir des actes ou des paroles par lesquels je sauverais la cité. Et, à confronter les dates, l'anxiété me prend aujourd'hui : que devient-il ? Son absence se
75 prolonge étrangement, au-delà du délai normal... Mais dès son retour, je serais criminel de ne pas agir en tout point selon les révélations du dieu.

[On voit apparaître au loin Créon. Les figurants manifestent leur surprise et leur joie.]

LE PRÊTRE

Tes paroles tombent bien[4] ! Ils me font signe que voici justement Créon qui s'approche.

ŒDIPE
[apercevant Créon, puis se tournant vers l'autel]

80 Seigneur Apollon ! je t'implore. S'il pouvait nous apporter le salut ! Son visage est rayonnant[5].

LE PRÊTRE

Oui, on dirait bien que c'est une bonne nouvelle, sans quoi il ne s'avancerait pas ainsi, le front couronné[1] d'une profusion de laurier, feuilles et fruits !

ŒDIPE

Nous allons le savoir : il est à portée de voix. *[À Créon* 85 *qui entre.]* Prince, mon frère d'alliance, que nous apportes-tu ? Quel est l'oracle du dieu ?

CRÉON

Bel et bon. Oui, je le dis : dans nos malheurs, il se pourrait que tout fût bien qui finît bien.

ŒDIPE

Mais la réponse exacte ? Ce que tu dis là, sans être 90 alarmant, ne me rassure pas.

CRÉON

Désires-tu m'entendre en leur présence ? Je suis prêt à parler – ou bien entrons[2].

ŒDIPE

Parle devant tous : c'est leur deuil à eux qui m'accable, plus que s'il s'agissait de ma propre vie.

CRÉON

95 Soit, je vais dire ce que m'a fait savoir le dieu. *[Solennel.]* Apollon Souverain nous enjoint expressément[3], ce pays entretenant sur son sol[4] une souillure

criminelle[1], d'éliminer celle-ci sans la laisser s'invé-
térer jusqu'à devenir incurable.

ŒDIPE

Faire place nette ? Mais comment ? De quoi s'agit-il ?
Qu'est-il arrivé[2] ?

CRÉON

100 Par un exil, ou en rachetant la dette, tête pour tête, car
c'est un sang versé qui appelle l'ouragan sur la ville[3].

ŒDIPE

Mais quelle est la victime ? De qui parle l'oracle ?

CRÉON

Nous avions naguère ici Laïos pour roi, ô seigneur,
avant que l'État ne vînt sous ton autorité...

ŒDIPE

105 Oui, je sais, mais par ouï-dire ; je ne l'ai jamais rencontré.

CRÉON

C'est de sa mort qu'il s'agit, l'ordre est précis : que
l'on punisse ses assassins ; que quelqu'un s'en charge.

ŒDIPE

Mais où sont-ils ? Où donc ? Où trouver leur trace ? Un
crime ancien laisse bien peu d'indices pour le dépister.

CRÉON

110 Sur notre sol, le dieu l'a dit. À bonne quête, gibier
certain ; s'il s'échappe, c'est qu'il y a négligence.

ŒDIPE

Où Laïos a-t-il été assassiné ? chez lui ? dans la campagne ? à l'étranger ?

CRÉON

Il nous avait quittés pour un pèlerinage[1]. C'est ce qu'il
115 disait. De ce départ, il n'est plus jamais revenu.

ŒDIPE

Personne n'a donné de ses nouvelles ? Personne ne
faisait route avec lui, nul témoin qui aurait apporté des
éléments utiles à l'enquête ?

CRÉON

Non : tous sont morts, sauf un seul qui s'est enfui
terrorisé. Qu'avait-il vu ? Il n'a rien pu expliquer, il ne
savait rien – sauf un seul détail.

ŒDIPE

120 Lequel ? Un seul détail peut éclairer bien des choses,
s'il apportait un petit commencement d'espoir.

CRÉON

Des brigands, affirmait-il, ont fondu sur Laïos. Le
meurtre ne fut pas le coup de force d'un individu isolé :
bien des bras s'y sont mis[2].

ŒDIPE

Et qui sait si l'affaire n'a pas sa source ici même ? Ces
125 brigands[1], on les aura payés : sans quoi ils n'auraient
pas osé.

CRÉON

Nous y avons pensé. Mais la mort de Laïos nous lais-
sait désemparés[2] devant nos autres malheurs.

ŒDIPE

Et quel malheur vous a paralysés, lorsqu'un trône
venait d'être abattu de la sorte, au point de décourager
l'enquête ?

CRÉON

130 Le Sphinx était là, avec ses couplets aux jeux insaisis-
sables... Nous étions comme fascinés par l'immédiat :
tant pis pour ce qui se dérobait...

ŒDIPE

Eh bien, moi, je remonterai aux racines ! Là aussi je
ferai la lumière ! Digne souci de la part de Phébus, et
aussi de ta part à toi, d'avoir envers le mort assumé
cette sollicitude. Ainsi me verrez-vous, comme il est
135 juste, lutter moi-même à vos côtés, et infliger châtiment
au crime pour notre sol en même temps que pour le
dieu. Ce n'est point pour des alliés que j'aurais en terre
étrangère, c'est pour moi-même que je débriderai
l'abcès[3]. Celui qui a été l'assassin, qui sait s'il ne songe
140 pas à m'infliger à moi aussi un pareil coup de force !
En donnant au mort mon appui, c'est moi-même que
je sers.

Allons, vite, levez-vous de ces degrés, mes enfants.
Emportez ces rameaux de supplication. Qu'un autre

assemble ici le peuple[1]. Dites-vous bien que j'irai jus-
145 qu'au bout. Oui, nous réussirons, le dieu aidant, à la
face du monde – ou bien nous périrons.

[Il rentre dans le palais avec Créon.]

Le Prêtre

Levons-nous, mes enfants. Ce que nous espérions de
notre démarche, cette proclamation nous l'apporte.
Puisse Apollon, qui nous a adressé les oracles, venir
lui-même avec eux nous visiter en sauveur[2] pour
150 enrayer le fléau !

[Ils s'éloignent tous vers la ville.]

Le Chœur

[Strophe I]

Voix enchanteresse émanée de Zeus,[1]
    qu'es-tu donc venue annoncer
de la cité pythique éblouissante d'or
    à notre Thèbe[2] au pur éclat ?
    Écartelé par la terreur
    et secoué par l'épouvante
je crains devant ta face, ô dieu des litanies,
155 guérisseur[3] de Délos ! Quelle dette nouvelle
– ou reconduite au cours du cercle des saisons –
    me feras-tu payer, dis-moi,
    fille de l'Espérance d'or,
      immortelle Parole ?

[Antistrophe I]

Je t'invoquerai d'abord, Athéna,
    immortelle fille de Zeus !
160 puis Artémis, sa sœur, Dame de notre sol,
    qui siège dans sa gloire et trône
    sur l'orbe de notre esplanade[4] !
    Et toi Apollon Sagittaire !
Apparaissez, Trinité sainte[5], à mon appel !
165 Détournez le destin ! Si jamais, autrefois,
quand un premier fléau planait sur la cité,
    vous avez refoulé loin d'elle
    la flamme ardente des tourments
      revenez aujourd'hui !

[Strophe II]

Des tourments sans nombre, hélas !
m'accablent, le mal[1] s'étend
sur mon peuple tout entier,
170   et les esprits sont sans arme
pour découvrir un recours.
Notre glorieux terroir
ne gonfle plus de récoltes ;
les femmes n'accouchent plus :
il n'est plus de relevailles
à leurs douleurs, à leurs cris[2]...
175   Les mourants, l'un après l'autre,
voyez ! comme un vol d'oiseaux
qui s'éloigne à tire-d'aile,
sont balayés, par un souffle
plus puissant que l'incendie,
vers les bords inexorables
du royaume où tout s'enfonce[3].

[Antistrophe II]

Ces pertes sans nombre épuisent
la cité ; on abandonne
180   sans les pleurer, sans les plaindre,
les corps gisant sur le sol
où ils propagent la mort –
cependant que les épouses,
les mères aux cheveux gris
priant au pied des autels[4],
d'un côté, de l'autre, hurlent
185   leurs sanglots d'âpre détresse !
Un brasier de litanies
flambe, et des sanglots aigus
le traversent de leurs plaintes...
Vierge d'or, fille de Zeus,
en réponse à ces appels,
accorde-nous, radieuse,
la grâce de ton secours !

[Strophe III]

Pour nous assaillir aujourd'hui
190   le féroce Tueur[1] n'a épée ni cuirasse.
      C'est un feu qui vient nous ronger,
      et nos clameurs lui font cortège...
Rebrousse-le ! qu'il tourne bride ! qu'il repasse
      les frontières de la patrie !
Qu'il coure s'enfoncer dans les immensités
195   de la mer Océane, ou vers les flots de Thrace,
      où pas un port n'offre refuge !...
      Quand la nuit se lasse, le jour
      vient achever l'œuvre de mort !
200   Ô toi, maître et seigneur des éclairs flamboyants,
Zeus notre Père ! envoie ta foudre, écrase-le !

[Antistrophe III]

Toi aussi, Apollon Lycien[2],
205   je voudrais obtenir pour appui le rideau
      des invincibles traits que darde
      la torsade d'or de ton arc ;
et les flambeaux ardents que brandit Artémis
      bondissante à travers les monts !
J'appelle enfin le dieu au diadème d'or
210   qui tire un de ses noms de notre sol, Bacchus[3],
      dieu des hourras, face vermeille
      avec son cortège en délire :
      qu'il s'approche, pour nous prêter
l'alliance de feu de sa torche éclatante
215   contre le dieu que les dieux mêmes désavouent !

[ŒDIPE, TIRÉSIAS]

[Entre Œdipe venant du palais.]

ŒDIPE

Voilà prier ! Mais pour que cette prière soit exaucée c'est moi qui parlerai. Veuillez m'écouter, vous plier à ce que commande le fléau, et vous pourrez trouver soutien et allégement à vos maux. Voici ce que j'ai à 220 vous dire, étranger que je suis à ce qui se raconte, comme je suis étranger à ce qui s'est fait. Mes investigations ne me mèneraient pas loin, si j'étais seul, sans rien avoir sur quoi tabler, puisque votre cité ne m'a reçu pour citoyen qu'après cette affaire. C'est donc à vous tous, Thébains, que j'adresse la proclamation que voici :

225 Si l'un de vous sait qui a abattu Laïos, je lui enjoins de tout me dévoiler, à moi. Même si c'est lui, et s'il a peur, qu'il prenne les devants pour esquiver la dénonciation qu'il encourt. Tout le désagrément qu'il aura, ce sera seulement de quitter ce sol, sans être inquiété. 230 Si ce n'est pas lui, et qu'il connaisse le meurtrier, un étranger, qu'il parle : il en touchera la prime de mes mains, et ma faveur lui restera acquise. Mais si vous vous taisez, si terrifié l'on cherche pour un ami[1] ou pour soi-même une échappatoire à mon ordre, voici 235 quelle suite je donnerai. Écoutez-moi bien.

Cet homme, quel qu'il soit, j'interdis sur ce sol où je suis maître et souverain seigneur, de le recevoir et

de lui adresser la parole[1], de l'associer aux prières et
240   sacrifices divins, et de partager avec lui l'eau lustrale.
Que tous le chassent de devant leur demeure, car la
souillure qui nous atteint, c'est cet homme, le divin
oracle de Delphes vient de me le faire savoir.

245   Voilà comme j'entends servir la cause[2] du dieu, et
celle de la victime. J'appelle de mes vœux contre le
coupable inconnu, qu'il soit seul ou qu'il ait des
complices, une vie déshéritée, qu'il usera misérable-
ment, le misérable, jusqu'à son dernier fil !

Et j'appelle sur moi, au cas où il vivrait en ma
250   demeure, à mon foyer, moi le sachant, les mêmes malédictions que je viens de lancer. C'est vous que je charge
de donner plein effet à mes paroles, pour l'amour de
moi et d'Apollon, et de ce pays auquel, voyez, se refusent les fruits, se refusent les dieux : la mort est sur
lui.

255   De toute façon, même si le Ciel ne vous avait pas
invités à agir[3], il n'était pas décent à vous de tolérer
cette souillure, après la mort d'un homme si excellent,
qui était votre roi. Il fallait pousser les recherches ! À
présent, puisque c'est moi qui me trouve en possession
des pouvoirs qui étaient les siens, en possession de son
260   lit, fécondant la même femme[4] – oui, il y aurait encore
entre nous ce lien d'avoir des enfants consanguins, s'il
n'avait été marqué de malheur dans sa postérité. Ah !
le destin[5] s'est appesanti lourdement sur sa tête. Aussi
265   mènerai-je pour sa cause, comme s'il était mon père[6],
un bon combat ; je ne reculerai devant rien dans mon
enquête pour découvrir et saisir le meurtrier de Laïos,
le dernier roi de notre antique dynastie[7]. Quant à ceux
qui me désobéiraient, veuillent les dieux ne pas laisser
270   mûrir de moissons sur leurs champs, ni d'enfants dans
le sein de leurs femmes, et les jeter en pâture au fléau
qui nous dévore ou pire encore ! Mais, vous autres[8],
Thébains, vous tous qui prenez en gré mes ordres,
puisse la Justice, notre alliée, puissent tous les dieux
275   vous assister à jamais de leurs grâces !

CORYPHÉE

Tes anathèmes me lient, Sire, je parlerai donc : non,
ce n'est pas moi qui ai tué, et je ne saurais te désigner
qui a tué. C'était à Celui dont nous avons reçu message,
à Apollon, de nous dire qui peut être coupable.

ŒDIPE

280 C'est juste. Mais nul ne peut, s'il n'est qu'un homme,
forcer le vouloir des dieux.

CORYPHÉE

J'aurais bien une idée à proposer en seconde ligne...

ŒDIPE

Va, et si tu en as une troisième, ne te dispense pas de
la dire.

CORYPHÉE

Je connais un homme qui sait voir tout ce que voit
285 notre Sire Apollon : c'est Messire Tirésias. Il faut le
consulter, Sire[1], il débrouillerait tout.

ŒDIPE

Cela ne m'a pas échappé : Créon m'en a parlé[2] et j'ai
fait le nécessaire. J'ai dépêché deux de mes gens pour
le faire venir. Il devrait être ici déjà.

CORYPHÉE

290 Tout le reste, pour sûr, ce ne sont que de vieux
radotages sans consistance...

ŒDIPE

De quoi veux-tu parler ? Mon enquête retient tous les on-dit.

CORYPHÉE

Les assassins, à ce qu'on a raconté, étaient des chemineaux[1].

ŒDIPE

On me l'a dit. Mais de témoin qui les ait vus, on n'en voit pas.

CORYPHÉE

295 Certes, mais si le coupable sait un peu mesurer ses risques, il ne bravera pas les menaces que tu as fulminées.

ŒDIPE

Qui ne recule devant l'acte, un mot ne l'intimide pas.

CORYPHÉE

Mais quelqu'un pourra le confondre, et le voici ! *[Il montre deux serviteurs d'Œdipe qui s'approchent, encadrant et guidant un vieillard aveugle, le devin Tirésias.]* Regarde : le devin qu'habite le dieu, l'homme qui nourrit en son sein, comme nul autre, la vivante Vérité !

ŒDIPE *[à Tirésias]*

300 Ô toi, qui pénètres tous les secrets, Tirésias, ceux qui sont communicables et ceux qui sont indicibles, ceux

qui se cachent aux cieux et ceux qui rampent sur la
terre, tu as beau être sans regard, tu es éclairé sur le
mal qui hante notre cité. Pour être son protecteur et son
sauveur, nous ne voyons que toi, messire : sur la
demande que nous lui avions fait faire, Apollon, mes
305   serviteurs ont dû te le dire[1], nous a mandé ceci : le
moyen, et le seul, pour nous libérer du fléau, serait
d'identifier les meurtriers de Laïos, et de les mettre à
mort, ou de les chasser du territoire. À toi, maintenant,
310   de ne pas nous refuser la réponse qui te sera dictée par
les oiseaux, ou toute autre méthode divinatoire dont tu
disposes. Sois ton propre sauveur, et celui de l'État,
mon sauveur à moi-même ; lave-nous de la souillure
dont nous charge ce mort. Nous sommes entre tes
mains. Pour qui est homme, il n'est pas de plus belle
tâche à assumer, dans la mesure de ses ressources et
315   de ses moyens, que celle-ci : servir !

TIRÉSIAS

Hélas ! Quel terrible don que la clairvoyance, quand
les clartés que l'on a se retournent contre vous ! Je le
savais bien, certes ! Comment l'ai-je oublié ! Je n'aurais
pas dû venir !

ŒDIPE

Qu'y a-t-il ? Pourquoi ce désarroi[2] en te présentant
devant moi ?

TIRÉSIAS

320   Laisse-moi rentrer chez moi : ce sera mieux pour nous,
crois-moi, toi pour assumer ton lot, et moi le mien.

ŒDIPE

Ce refus est contraire à ta fonction, comme à l'amour
que tu dois à la patrie dont tu es le fils. Parle !

TIRÉSIAS

325 Je vois trop ce que tes paroles te préparent à toi-même
de sinistre... Je ne veux pas t'accompagner dans cette
voie...

ŒDIPE

Au nom des dieux, ne nous prive pas de ta clairvoyance[1]. Vois, nous sommes à tes genoux, suppliants...

TIRÉSIAS

C'est que vous êtes tous dans la nuit. Et moi, jamais
je ne révélerai ce qui me pèse – pour ne pas dire ce
qui pèse sur toi.

ŒDIPE

330 Que dis-tu ? Tu sais la vérité et tu ne t'expliques pas ?
Tu songes à nous trahir, et vouer la cité à la ruine ?

TIRÉSIAS

Je ne serai point le bourreau de moi-même, ni le tien.
Pourquoi cet interrogatoire ? Peine perdue : tu
n'apprendras rien de moi.

ŒDIPE

Monstre, scélérat[2] ! tu révolterais les pierres ! Par-
335 leras-tu, oui ou non ? Rien ne t'ébranlera ? Rien ne
viendra à bout de toi ?

TIRÉSIAS

Tu me reproches mon humeur[3]. Mais celle qui règne

chez toi, tu n'y as pas pris garde et c'est moi que tu
blâmes !

ŒDIPE

C'est que tu révolterais n'importe qui, en bafouant la
340 patrie comme tu le fais !

TIRÉSIAS

Les choses adviendront bien seules, sans que je te les
découvre : je me tairai.

ŒDIPE

Elles adviendront ? Alors ton devoir est de me les dire.

TIRÉSIAS

Je n'en dirai pas davantage. Là-dessus, déchaîne si tu
veux ta rage la plus forcenée : libre à toi.

ŒDIPE

345 Ah ! certes, dans la rage qui me tient, je ne ferai grâce
de rien de ce qui me vient à l'esprit ! Tu veux savoir ?
Eh bien, c'est toi, j'ai lieu de le croire, qui as combiné
le crime, c'est toi qui l'as commis – à cela près que tu
n'as pas tué de ta main[1]. Et si tu y voyais, je dirais que
c'est toi qui as fait le coup, et toi seul !

TIRÉSIAS

350 Vraiment ? Eh bien, je te somme de te conformer à
l'édit que tu as proclamé toi-même. Qu'à dater de ce
jour tu n'entendes plus un mot, ni de ces gens, ni de
moi[2] : le sacrilège vivant qui souille cette terre, c'est
toi.

ŒDIPE

Comment ? Tu as cette impudence ? C'est cela que tu
355 as débusqué ? Et où prends-tu l'espoir d'en réchapper,
après un pareil mot[1] ?

TIRÉSIAS

Échapper ? Je suis hors d'atteinte. C'est la Vérité, avec
toute sa force, que je nourris en moi.

ŒDIPE

Qui t'en a instruit ? Ton art en est bien incapable !

TIRÉSIAS

Toi-même, c'est toi qui malgré moi m'as réduit à parler.

ŒDIPE

Et à dire quoi ? Répète, que je saisisse mieux.

TIRÉSIAS

360 Tu n'as pas compris la première fois ? ou tu dis cela
pour me sonder ?

ŒDIPE
[répondant à la première question]

Non, pas assez en tout cas pour dire que ce soit net.
Allons, répète.

TIRÉSIAS

L'assassin de cet homme, celui que tu cherches, je te
le dis, c'est toi !

ŒDIPE

Ah ! ce n'est pas impunément que tu auras proféré deux fois ces abominations !

TIRÉSIAS

Dois-je en dire plus long ? Ta fureur va grandir encore...

ŒDIPE

365   Tant que tu veux : ce seront paroles perdues.

TIRÉSIAS

Eh bien, je parle : à ton insu, tu es engagé avec ce que tu as de plus cher dans les liens les plus infâmes, sans voir dans quelle horreur tu baignes.

ŒDIPE

Crois-tu pouvoir toujours tenir pareils propos sans qu'il t'en cuise ?

TIRÉSIAS

Oui ; la Vérité n'est pas une arme vaine[1].

ŒDIPE

370   Certes, elle est une arme, mais non pas pour toi ; pour toi elle n'en est pas une, aveugle que tu es[2], dont l'esprit et les oreilles sont également fermés !

TIRÉSIAS

Malheureux que tu es, d'invectiver ainsi ! Ces mêmes invectives, personne ici ne te les épargnera, bientôt !

ŒDIPE

375 Tu ne te nourris que de ténèbres : tu ne saurais me
nuire, ni à moi, ni à quiconque voit la lumière, jamais.

TIRÉSIAS

Aussi bien ton destin n'est-il pas de succomber par
moi[1] : Apollon s'en charge ; c'est à lui d'en finir avec
tout cela.

ŒDIPE

C'est de Créon ou de toi, tout ce roman-là ?

TIRÉSIAS

Créon n'est pour rien dans ton malheur : c'est à toi que
tu le dois.

ŒDIPE

380 Ô richesse ! ô trône royal ! ô savoir qui a su l'emporter
sur la science ! quelle jalousie[2] vous éveillez contre une
existence que vous faites trop envier ! Pour l'amour de
ce sceptre dont la cité m'a fait hommage, qu'elle m'a
mis en main sans que je l'aie sollicité, Créon, ce fidèle,
385 cet ami de toujours, se livre à des menées souterraines ;
il ne rêve que de me supplanter, en soudoyant cette
espèce de sorcier, avec ses tissus d'intrigues, ce char-
latan retors, qui n'y voit que pour ses profits, mais,
dans son art, radicalement aveugle !
390 Car voyons, dis-moi, où est-elle ta clairvoyance divinatrice ? D'où vient qu'aux jours où le Sphinx[3] faisait
ici peser ses enchantements tu n'ouvrais pas la bouche
pour en délivrer tes concitoyens ? Cette énigme, il
n'était pas donné au premier venu d'en donner le mot :
il y fallait le don de divination – tu as assez montré
395 que tu ne le possédais pas, ni d'après le vol des oiseaux,

ni par inspiration divine[1]. J'arrive alors, moi qui ne sais
rien, Œdipe la dupe[2], et je suis venu à bout du Sphinx.
C'est ma sagacité qui m'a fait tomber juste : je n'avais
pas eu d'oiseaux pour me renseigner !... Et voilà celui
que tu entreprends de chasser ? Tu comptes trouver une
400   place aux côtés de Créon sur les marches[3] de son trône !
M'est avis qu'elle coûtera lourd, à toi et à son instigateur, cette épuration sacrée ! Tu as de la chance que je
te voie si vieux, sans quoi tu aurais déjà appris à tes
dépens ce que vaut au juste ton discernement.

CORYPHÉE

À notre sens, c'est la colère[4] qui a dicté ses paroles,
405   mais elle dicte aussi les tiennes, Œdipe, semble-t-il.
Vous devriez quitter ce ton. Comment satisferons-nous
le mieux à l'oracle ? Voilà la seule chose à examiner.

TIRÉSIAS

Tu es le roi, c'est entendu. Mais il y a au moins une
égalité que je revendique : celle de répliquer en égal.
Moi aussi en cela j'ai des droits souverains. Ma vie
410   n'est pas à tes pieds, mais à ceux de Loxias[5] : je n'aurai
pas à recourir au patronage de Créon. Je te le dis –
puisque tu es allé jusqu'à me faire une insulte d'être
aveugle – toi, tes yeux sont ouverts, et tu ne vois pas
dans quelle horreur tu baignes, sous quel toit tu
415   demeures, et avec qui. Sais-tu de qui tu es le fils ? Tu
ne te doutes pas que tu es abominable aux tiens[6], en ce
monde comme dans l'autre. Doublement assenée sur
toi par ta mère et ton père, te chassera de ce sol,
affreuse, talonnante, la Malédiction... Tu vois clair à
présent, mais alors tu ne verras plus que ténèbres ! En
420   quel lieu ton cri n'ira-t-il pas jeter l'ancre, et de quelle
falaise[7] ta voix bientôt n'éveillera-t-elle pas les échos,
lorsque tu auras reconnu en quelles épousailles[8]... sur
quels brisants tu es venu te jeter pour bâtir ton foyer,
après ton heureuse croisière ! Les maux qui t'attendent
encore en foule, tu ne les connais pas : ils te rendront

425 ton vrai rang, et même rang qu'à tes enfants[1]. Après cela, tu peux cracher sur Créon, et sur moi qui te parle : jamais homme ici-bas n'aura été plus atrocement broyé que tu ne vas l'être.

ŒDIPE

Peut-on tolérer les énormités de cet individu ? Va
430 t'engloutir où tu le mérites ! Et plus vite que cela ! Oui ou non, vas-tu faire demi-tour, vider ma demeure, et t'en retourner ? Va-t'en !

TIRÉSIAS

Je ne serais pas venu de moi-même. C'est toi qui m'as convoqué.

ŒDIPE

Pouvais-je savoir que tu tiendrais des propos délirants ? Sinon j'aurais regardé à deux fois avant de te mander en mon palais !

TIRÉSIAS

435 Ainsi va de moi : pour toi, je délire, mais pour tes parents – ceux dont tu es né ! – j'avais tout mon discernement.

ŒDIPE

Quels parents ? Attends ! Quel est donc ici-bas celui dont je suis né ?

TIRÉSIAS

Ce jour t'apportera ta naissance et ta perte.

ŒDIPE

Comme tu parles toujours à mots couverts, énigmatiques !

TIRÉSIAS

440 N'est-ce pas ta spécialité[1] de les éclaircir ? C'est un don que tu as...

ŒDIPE

Des insultes de ce genre, soit : tu ne sauras en cela qu'éclairer ma grandeur.

TIRÉSIAS

C'est pourtant précisément cette chance-là qui t'a perdu[2].

ŒDIPE

Si j'ai sauvé cette cité, peu m'importe le reste.

TIRÉSIAS

Eh bien, je me retire. *[À l'enfant qui l'accompagne.]* Allons, mon enfant, emmène-moi.

ŒDIPE

445 Qu'il t'emmène, oui. Débarrasse-moi de ta présence, elle m'est odieuse. Disparais, ce sera un soulagement pour moi.

TIRÉSIAS

Je me retire, mais je te laisse la réponse pour laquelle

je suis venu. Ton sourcil ne me fait pas peur, tu ne
peux rien pour m'abattre. En vérité, je te le dis, cet
450　homme que tu cherches depuis quelque temps, en faisant des proclamations comminatoires sur le meurtre
de Laïos, cet homme est ici. Il passe pour un étranger,
un immigré[1], mais son origine se révélera : il est authen-
tiquement thébain. Et il n'aura pas à se louer de l'événement[2]. Car il sera aveugle, lui, dont les yeux sont
455　ouverts ; il mendiera, lui, qui est dans l'opulence ; vers
le sol étranger, tâtonnant devant lui avec son bâton, il
ira cheminant. On découvrira qu'il a près de lui des
enfants dont il est tout ensemble le frère et le père ; que
de la femme dont il est né, lui, le fils, il est aussi
l'époux ; qu'il a ensemencé le même sillon que son
460　père ; et qu'il est son meurtrier. Va, rentre chez toi,
médite mes paroles. Et si tu me prends à t'avoir menti,
alors je te permets d'affirmer que je n'entends rien à
la divination.

[Il s'éloigne ; Œdipe rentre dans le palais.]

[PREMIER STASIMON[1]]

Le Chœur

[Strophe I]

Quel est-il donc, celui qu'a désigné
    l'oracle du rocher delphique,
        le criminel
dont les mains sont ensanglantées d'un crime
465   entre tous innommable[2] ?
L'heure a sonné pour lui d'une fuite plus prompte
    que le galop des chevaux de l'orage[3],
470   car le fils de Zeus tout en armes
se rue avec ses flammes et ses foudres ;
du même élan foncent sur lui, épouvantables,
    les Destinées que rien n'égare[4] !

[Antistrophe I]

Vient de jaillir du Parnasse neigeux,
    fulgurante, une voix : « En chasse ! »
475   Traquez-le tous,
cet inconnu ! Erre-t-il aux fourrés
    de la forêt sauvage ?
par les rochers, par les cavernes, comme un fauve[5] ?
    Espère-t-il pouvoir, le misérable,
    par ses misérables sursauts
donner le change aux oracles que lance
480   la Prunelle du monde[6] ? Ils vivent à jamais,
    le harcelant de leur essaim[7] !

[Strophe II]

Terrible, oh ! oui, terrible trouble
qu'éveille en moi le fin liseur de tant d'oracles !
485   Sans lui donner raison ni tort,
        ne sais que dire... À quoi m'attendre ?
        Mon œil n'a point où se poser :
        présent, passé lui sont fermés.
La race labdacide et le fils de Polybe[1],
        pour se dresser l'un contre l'autre,
avaient-ils donc entre eux quelque grief latent ?
490   Ni jadis, ni jusqu'à ce jour
rien n'est encor venu attester que je dusse
        m'inscrire en faux contre l'image
qu'un peuple entier proclame être celle d'Œdipe,
        en m'instituant le vengeur[2]
495   de la Maison des Labdacides
en une obscure affaire où la mort a passé !

[Antistrophe II]

Ah ! certes, Zeus et Apollon
Voient clair, eux ! les secrets d'ici-bas, ils les savent !
        Mais un devin qui n'est qu'un homme
500   est-il plus fort que je ne suis ?
        Il n'est rien, véritablement,
        qui permette d'en décider.
Un homme en peut valoir et dépasser un autre,
        de clairvoyance à clairvoyance !
Eh bien non, quant à moi, avant preuve directe
505   jamais je ne saurais admettre
qu'on incrimine Œdipe ! Un seul fait est certain :
        c'est l'assaut que lui a livré,
jadis, le monstre ailé à visage de fille[3] ;
        il attesta sa clairvoyance
510   et son dévouement pour l'État.
Jamais mon cœur ne le tiendra pour criminel !

[DEUXIÈME ÉPISODE]

[1. CRÉON, ŒDIPE]
[2. Les mêmes, plus JOCASTE (avec Kommos)]
[3. JOCASTE, ŒDIPE]

[Entre Créon.]

CRÉON

Citoyens ! J'apprends que de terribles accusations sont lancées contre moi par Œdipe, notre roi. J'ai recours à vous, car c'est intolérable. Si vraiment, dans les circonstances présentes, il se croit victime, en parole ou en acte, d'un tort venu de moi, je n'ai plus aucune raison de tenir à la vie pour m'y attarder, grevé d'un tel renom ! Ce n'est pas un simple préjudice que me causent de telles paroles : il y va de tout pour moi, si je dois être marqué d'infamie dans la ville d'infamie[1] auprès de vous et de tous les miens !

CORYPHÉE

C'est vrai, il s'en est pris à toi. Mais peut-être cela vient-il d'un entraînement de colère plutôt que d'un propos délibéré ?

CRÉON

Mais où a-t-il pris que c'est évidemment moi qui ai chapitré le devin pour lui faire débiter des mensonges ?

CORYPHÉE

C'est bien ce qu'il déclarait. Mais qu'avait-il en tête ?
Je ne sais.

CRÉON

Lui voyait-on le regard droit, la raison droite quand il
m'attaquait et m'accusait de la sorte ?

CORYPHÉE

530 Je ne sais : pour ce que font mes maîtres, je n'ai pas
d'yeux. Mais justement le voici lui-même : il sort du
palais.

[Entre Œdipe.]

ŒDIPE *[à Créon]*

Ah ! te voilà, toi ? Comment ? Tu es ici ? Impudent, tu
as le front d'approcher de ma demeure, quand tu poi-
gnardes ma personne[1], c'est trop clair, quand tu me
535 détrousses de ma couronne, sûr et certain, comme au
coin d'un bois ? Allons, parle, au nom du Ciel ! M'as-tu
pris pour un lâche ou un fou, en te livrant à de pareilles
intrigues ? Ta manœuvre de traîtrise, tu pensais que je
n'en éventerais pas les approches pour y couper court,
540 sitôt éclairé ? Le fou, c'est plutôt toi ! Te mêler, sans
le peuple et sans amis, d'attraper une couronne ? Pour
ce gibier-là, il faut le peuple et de l'argent[2] !

CRÉON

Et moi j'exige... sais-tu quoi ? Tu as parlé, balance
égale : écoute ma réplique, et tu jugeras toi-même, une
fois éclairé.

ŒDIPE

545   Beau parleur, tu l'es ; mais bon public, je ne le suis
pas, moi, pour tes éclaircissements ! Je n'ai jamais
trouvé en toi qu'hostilité hargneuse à mon égard.

CRÉON

Précisément, sur ce point, commence par m'écouter.

ŒDIPE

Précisément, sur ce point, ne viens pas me dire que tu
n'es pas un scélérat !

CRÉON

Si tu te figures que c'est un atout, cette arrogance déli-
550   rante, tu fais erreur !

ŒDIPE

Si tu te figures que de cette forfaiture envers un homme
de ton alliance, il ne sera pas fait justice, tu es dans
l'erreur !

CRÉON

D'accord, ce serait justice, tu l'as dit. Mais le tort dont
tu te prétends victime, apprends-le-moi.

ŒDIPE

555   Voulais-tu, ou ne voulais-tu pas me persuader qu'il
fallait envoyer chercher notre révérendissime devin ?

CRÉON

Oui, et cet avis, je le maintiens, encore et toujours.

ŒDIPE

Voyons : depuis combien de temps Laïos...

CRÉON

Eh bien ? Qu'a-t-il fait ? Je ne saisis pas.

ŒDIPE

560   ... a-t-il disparu, assassiné dans un attentat ?

CRÉON

Il doit y avoir maintes et longues années.

ŒDIPE

À cette date, notre devin était-il déjà dans le métier ?

CRÉON

Oui, tout aussi sagace, et non moins estimé.

ŒDIPE

A-t-il fait la moindre allusion à moi en ce temps-là ?

CRÉON

565   Non, jamais – du moins en ma présence.

ŒDIPE

Mais une enquête sur le meurtre, vous n'en avez pas fait ?

CRÉON

Nous l'avons faite, cela va de soi : buisson creux.

ŒDIPE

Et pourquoi notre sagace personnage taisait-il alors ce qu'il dit aujourd'hui ?

CRÉON

Je ne sais. Quand je ne suis pas sûr de mes pensées, je préfère me taire.

ŒDIPE

570 Il y a du moins une chose que tu sais, et que tu pourrais dire en toute sincérité de pensée !

CRÉON

Et quoi donc ? Si je le sais, je ne dirai pas non...

ŒDIPE

Qu'il est de connivence avec toi. Sans quoi jamais il n'aurait dit que le meurtrier de Laïos, c'est moi !

CRÉON

Il dit cela ? C'est ton affaire. Mais moi, je me tiens en
575 droit de t'interroger de même. À ton tour de me répondre.

ŒDIPE

Un interrogatoire ? Soit : n'espère pas me convaincre
d'assassinat !

CRÉON

Eh bien, voyons, tu as épousé ma sœur ?

ŒDIPE

Le moyen de répondre non à cette question-là ?

CRÉON

Et tu gouvernes ici avec elle, en lui faisant partager tes
pouvoirs ?

ŒDIPE

580   Tout ce qu'elle désire, elle l'obtient de moi.

CRÉON

Et moi, ne suis-je pas en tiers à partager vos préro-
gatives à tous deux ?

ŒDIPE

Ah ! c'est là précisément qu'éclate la perfidie de ton
amitié !

CRÉON

Non pas, si seulement tu te rendais compte de ma situation ! Et tout d'abord, voyons : crois-tu que personne
585   aimât mieux régner dans les craintes, que de se pré-
lasser à l'abri des transes – à pouvoir égal, s'entend ?

Pour moi, je suis ainsi fait que j'aspire moins à être roi
qu'à vivre en roi. Et tout homme raisonnable est comme
590 moi. Aujourd'hui, j'obtiens tout de toi sans avoir rien
à craindre. Si je régnais[1] moi-même, il y a bien des
choses, oui, que je ferais contre mon gré. Et le titre de
roi aurait plus de charme pour moi qu'un pouvoir réel
que rien n'assombrit ? Je ne suis pas assez égaré pour
595 pouvoir souhaiter d'autres honneurs que ceux où je
trouve mon profit. Aujourd'hui, je suis bienvenu de
tous, aujourd'hui, tout le monde me cajole, aujourd'hui,
ceux qui ont besoin de toi, c'est moi qu'ils viennent
chercher : toute faveur à obtenir pour eux passe par
600 moi. Et j'irais lâcher la proie pour l'ombre ? Un calcul
perfide dans ces conditions serait un calcul absurde[2].

Au reste, je suis fort peu porté à caresser de telles
idées, pas plus que je n'admettrais de m'allier à qui
agirait de la sorte, en aucun cas. La preuve ? Rends-toi
à Delphes, renseigne-toi sur l'oracle, pour savoir si mon
rapport a été exact. Et puis s'il s'avère que j'ai monté
605 une manœuvre en complicité avec le voyant[3], fais-moi
mettre à mort : ta voix ne sera pas seule à me
condamner, j'y joins d'avance la mienne, et je me livre
à toi.

Ne t'hypnotise pas sur un vague soupçon pour
m'accuser. Il y a injustice à intervertir à la légère les
610 idées qu'on se fait des gens, méchants et bons, bons et
méchants. Rejeter un ami sans reproche, je te le dis :
c'est comme s'amputer de sa propre vie, de ce qu'on
a de plus cher. Avec le temps, tu connaîtras ce qu'il
en est exactement de cette affaire, car l'innocence ne
s'éclaire qu'avec le temps, s'il suffit d'un seul jour pour
615 démasquer la perfidie.

CORYPHÉE

Il a bien parlé, Sire ; garde-toi d'un faux pas : jugements
prompts souvent trébuchent !

ŒDIPE

Quand on est prompt à organiser dans l'ombre des
menées contre moi – prompt, il faut bien que je le sois
620 moi-même à m'organiser ! Si j'attends tranquillement,
tout est réglé : l'autre réussit son coup, et je manque
le mien.

CRÉON

Tranchons : qu'est-ce que tu désires ? Me jeter hors de
ce pays ?

ŒDIPE

Certes non ! C'est ta mort, ce n'est pas ton exil, que je
veux. Tu seras un exemple : on saura ce que coûte
l'envie[1].

CRÉON

625 Tu ne te laisseras donc ni fléchir, ni convaincre ?

ŒDIPE

C'est que tu n'arrives pas à me convaincre de ta bonne
foi !

CRÉON

Tu n'as pas ton bon sens, je le vois.

ŒDIPE

J'ai le sens de ce que je me dois !

CRÉON

Et de ce que tu me dois à moi ? Sois juste !

ŒDIPE

Tu ne respires que perfidie !

CRÉON

Et si c'est toi qui ne veux rien comprendre ?

ŒDIPE

Il faut quand même que je sois le maître.

CRÉON

Non pas, si tu es un mauvais maître[1].

ŒDIPE

Thèbes ! Thèbes ! Tu l'entends ?

CRÉON

630 Elle n'est pas à toi seul ! Moi aussi j'ai ma place à Thèbes.

CORYPHÉE

Contenez-vous, princes... Voyez, justement j'aperçois Jocaste qui sort du palais. Elle va vous aider à régler la querelle qui vous a mis aux prises : il le faut.

[Entre Jocaste.]

JOCASTE

Malheureux ! Quel absurde assaut d'invectives ? 635 Qu'avez-vous ? Ne rougissez-vous pas, quand le pays souffre comme il souffre, de remuer des rancœurs personnelles ! *[À Œdipe]* Allons, rentre au palais *[À Créon]* et toi, Créon, chez toi. N'allez pas grossir en tragédie[1] un grief sans consistance !

CRÉON

Ma sœur, c'est horrible ce qu'Œdipe, ton mari, se croit
640 en droit de me faire ! Il n'a choisi qu'entre deux atrocités : me chasser hors de ma patrie, ou m'arrêter et me mettre à mort.

ŒDIPE

Parfaitement : c'est que je l'ai pris, femme, à se conduire d'une façon atroce contre ma personne, avec une odieuse rouerie.

CRÉON

Ah ! puissé-je être exclu de toute faveur du Ciel, et
645 périr à l'instant sous ma propre malédiction, si j'ai rien fait contre toi de ce que tu me reproches !

JOCASTE

Au nom des dieux, Œdipe, laisse-toi convaincre à ce cri, par égard avant tout pour ce serment fait à la face des dieux, et aussi pour moi-même, et pour ceux qui sont ici devant toi !

CORYPHÉE

[Strophe]

650   Consens, par bon vouloir et par saine raison
       Sire, je t'en supplie !

ŒDIPE

En quoi veux-tu donc que je cède ?

CORYPHÉE

Il méritait déjà d'avoir son mot à dire ;
son serment le grandit encor : respecte-le !

ŒDIPE

655   Sais-tu bien ce que tu désires ?

CORYPHÉE

Je le sais.

ŒDIPE

Explique-toi : que veux-tu dire ?

CORYPHÉE

L'ami si hautement juré, épargne-lui
d'être jamais l'objet, pour un obscur soupçon,
d'un grief qui le déshonore !

ŒDIPE

C'est donc là ta requête ?
Ah ! ce que tu requiers alors, sache-le bien,
c'est ma mort ou c'est mon exil[1] !

CORYPHÉE

660   Non, j'en appelle au dieu Soleil
qui brille au premier rang des dieux
que je périsse en proie aux pires des supplices,

trahi des dieux, trahi de mes amis,
    si cette pensée est en moi !
665 Mais le tourment de voir notre pays se perdre
    me mord le cœur, s'il faut que brochent
    sur les maux qu'il souffre déjà
    des maux qui viendraient de vous deux !

ŒDIPE

Soit, qu'il s'en aille, même si cela doit me coûter bel
670 et bien d'en mourir, ou d'être chassé de ce pays comme
un infâme ! C'est ton appel, et non le sien, qui me
touche de pitié, mon pauvre peuple[1] ! Lui, où qu'il soit,
il n'aura que ma haine.

CRÉON

Tu cèdes, mais on voit bien que tu restes haineux : on
te verra accablé, une fois ta colère tombée. Les
caractères comme le tien sont les premiers à souffrir
675 de ce qu'ils ont d'odieux, et c'est justice.

ŒDIPE

Oui ou non, vas-tu me laisser en paix ? Hors d'ici !

CRÉON

Je pars : de toi, je suis méconnu *[montrant le chœur]*
mais devant eux, je ne suis pas diminué !

[Il sort.]

CORYPHÉE

[Antistrophe]

Femme, qu'attends-tu donc pour reconduire Œdipe
    au-dedans du palais ?

JOCASTE

680   Je veux savoir quel incident...

CORYPHÉE

Sur des mots mal compris, un soupçon s'est fait route,
et, en retour, on fut blessé par l'injustice.

JOCASTE

Ainsi, ils ont tous deux leur part ?...

CORYPHÉE

Certes, oui.

JOCASTE

Et de quoi donc s'agissait-il ?

CORYPHÉE

685   Il suffit bien, pour sûr, crois-moi, il suffit bien,
accablé comme l'est ce pays, d'en rester
là où ils ont laissé les choses.

ŒDIPE

Vois où tu en arrives !
Malgré ton bon esprit, vois, tu lâches ma cause,
et tu feutres tes sentiments.

CORYPHÉE

Seigneur, je te l'ai souvent dit,
je te le dis encore, écoute :
690   j'aurais vraiment perdu le sens et la raison

si je me détachais de toi !
C'est par toi qu'il a retrouvé
droite route et bon vent, mon pays bien-aimé,
accablé et désemparé !
695   Aujourd'hui encor, si tu peux,
reste à la barre[1] et sauve-le !

[Un silence.]

JOCASTE

Au nom des dieux, Seigneur, parle : je veux savoir moi
aussi ce qui a soulevé à ce point ta fureur[2].

ŒDIPE

700   Je vais te le dire, car j'ai plus de déférence envers toi
qu'ils ne viennent de t'en montrer[3]. C'est Créon, c'est
ce qu'il a tramé contre moi !

JOCASTE

Quoi donc ? Précise tes reproches. Qu'est-ce qui vous
divise ?

ŒDIPE

Le meurtre de Laïos... Il prétend que le coupable, c'est
moi.

JOCASTE

Comment cela ? Conviction personnelle ? Ou s'il le
tient d'ailleurs ?

ŒDIPE

705   C'est un devin – une canaille – qu'il a pris pour porte-

parole : pour son compte il ne se risque pas à rien
affirmer.

JOCASTE

Voilà donc ce qui te tourmente ? Eh bien, n'y pense
plus : écoute-moi, et dis-toi bien que personne ici-bas,
vois-tu, n'a le secret de la divination. Je vais t'en donner
710 la preuve en deux mots.
Un oracle parvint jadis à Laïos (il n'émanait pas
d'Apollon, certes, je tiens à le dire, mais de ses minis-
tres) : son destin devait être de périr de la main d'un
enfant qui lui naîtrait de moi[1]. Or Laïos, tout le monde
715 le dit, a été tué par des étrangers, un jour, par des
brigands à la fourche de deux grand'routes. Quant à
l'enfant, il n'était pas né depuis trois jours, que son
père l'avait remis en d'autres mains et fait jeter, les
chevilles garrottées, dans un coin désert de la mon-
720 tagne. Rien de ce qu'avait dit Apollon n'est arrivé : le
fils n'est pas devenu le meurtrier de son père, et Laïos
n'a pas eu l'horrible sort qui l'épouvantait, de mourir
par la main de son enfant. C'est pourtant ce qu'avaient
spécifié les sentences des devins ; ne t'y arrête donc
pas le moins du monde : quand c'est vraiment un dieu
qui juge bon d'exiger quelque chose, il ne sera pas
725 embarrassé de le faire voir lui-même.

ŒDIPE

Qu'as-tu dit ? Quel désarroi, femme, tu viens de jeter
dans mon âme, quel bouleversement dans mon esprit !

JOCASTE

De quelle idée troublante t'avises-tu soudain ?

ŒDIPE

Ai-je bien entendu ? Laïos aurait été abattu à la fourche
730 de deux grand'routes ?

JOCASTE

Oui, c'est ce que l'on disait, et on le dit toujours.

ŒDIPE

Et l'endroit en question, où le malheur est arrivé, où
est-ce ?

JOCASTE

La Phocide, à la patte d'oie où débouchent les deux
routes qui viennent de Delphes et de Daulis[1].

ŒDIPE

735 Et combien de temps s'est-il passé depuis lors ?

JOCASTE

Un peu avant ton accession au pouvoir chez nous. Oui,
c'est à ce moment-là que la nouvelle a été colportée
en ville.

ŒDIPE

Zeus ! Quels sont tes desseins ? Que veux-tu faire de
moi ?...

JOCASTE

Mais qu'as-tu, Œdipe ? Qu'est-ce qui te préoccupe ?

ŒDIPE

740 Attends pour m'interroger... Et Laïos ? Quelle allure
avait-il, dis, quel âge ? Pleine jeunesse ?

JOCASTE

Grand ; sa tête commençait à se givrer de reflets blancs ;
il avait à peu près ton aspect.

ŒDIPE

Malheur à moi ! C'est bien moi qu'elles visaient, je le
745 crains, les atroces malédictions que je lançais sans
savoir !

JOCASTE

Quoi ? J'ai peur quand je te regarde, Seigneur !

ŒDIPE

Quel atroce désarroi !... Si le devin voyait clair ?... Mais
pour mieux m'informer, un mot encore, une précision...

JOCASTE

Tu me fais peur, mais interroge : si je sais, je répondrai.

ŒDIPE

750 Allait-il en petit équipage, ou avec une nombreuse
escorte, comme un puissant seigneur ?

JOCASTE

Ils étaient cinq en tout, dont un héraut[1]. Un seul chariot,
qu'occupait Laïos.

ŒDIPE

Ah ! voilà qui achève de tout éclairer !... Mais qui est-ce
755 donc qui vous a raconté tout cela ?

JOCASTE

Un valet, qui revint – le seul qui en soit réchappé.

ŒDIPE

Est-il encore au palais à présent ? Est-il là ?

JOCASTE

Non. Dès son retour, quand il vit que c'était toi qui
étais au pouvoir après la mort de Laïos, il me supplia
760 avec instance de l'envoyer à la campagne pour paître
les troupeaux ; il voulait que la ville fût le plus loin
possible de ses regards. Je l'y ai envoyé. Il méritait
bien, tout esclave qu'il est, d'obtenir cette faveur-là, et
même davantage.

ŒDIPE

765 Serait-il possible de le rappeler ici, d'urgence ?

JOCASTE

On peut le faire. Mais pourquoi ce désir ? Où veux-tu
en venir ?

ŒDIPE

J'ai peur d'avoir bien mal mesuré mes paroles ; voilà
pourquoi je tiens à le voir.

JOCASTE

Eh bien soit, il viendra. Mais moi aussi, Seigneur, je
770   mérite bien d'apprendre ce qui te pèse au fond du cœur.

ŒDIPE

Je ne songe pas à te le refuser, au point où j'en suis de
mes pressentiments. Car enfin, à qui pourrais-je me
confier plutôt qu'à toi, dans cette passe où entre mon
destin ?
       Fils de Polybe[1] qui règne à Corinthe, j'avais là-bas
775   un rang éminent dans la ville, jusqu'au jour où survint
un incident[2] qui avait de quoi me surprendre, mais non
pas, certes, de quoi me tracasser à ce point. Voici : au
cours d'un souper, un homme qui avait trop bu s'en
780   prend à moi dans son vin, et me traite d'enfant supposé.
J'en ai eu lourd sur le cœur ; tout le jour, à grand'peine,
je me contins. Mais, le lendemain, j'allai trouver ma
mère et mon père pour les interroger : devant l'ignoble
propos, ils s'indignèrent contre celui qui l'avait lancé.
785   De leur part, cette attitude me faisait plaisir, mais le
mot me rongeait toujours : oui, il s'insinuait bien pro-
fond.
       En cachette de mes parents, je me mets en route pour
Delphes ; Apollon me congédie sans daigner répondre
sur l'objet même de ma démarche... C'est autre chose
790   qu'il me dit, des révélations accablantes, atroces,
effroyables : j'étais voué à m'accoupler avec ma mère,
à faire venir à la lumière de ce monde une lignée abominable, et à être l'assassin de celui dont je suis né, de
mon père !
       Voilà ce que j'entendis. Sur quoi je renonçai à
revenir sur le sol de Corinthe, allant désormais droit
795   devant moi sous le ciel[3], je m'enfuis n'importe où, pour
ne pas voir s'accomplir les ignominies que me prédi-
saient les funestes oracles. Je marchais... J'arrive dans
les parages où tu me dis que le roi a été tué... À toi,
800   femme, je dirai toute la vérité : cette bifurcation sur la
route, j'en étais tout proche, j'allais mon chemin,
lorsque voici un héraut, puis, traîné par des pouliches,

un chariot où avait pris place un homme tel que tu me
le décris. Ils venaient à ma rencontre. Le cocher, et le
805   vieillard lui-même, prétendaient me faire vider la route,
brutalement. Moi, celui qui me bousculait, le conduc-
teur[1], je lui donne un coup, j'étais furieux. Le vieux
me voit, guette le moment où je longe la voiture, et
en plein sur la tête, d'en haut, me frappe d'un aiguil-
lon à double pointe... Il l'a payé, et pas au même
810   prix ! Je fonce : sous un coup de gourdin signé de cette
main, à la renverse, du fond de son chariot, il roule
aussitôt à bas. Et je tue tout le monde.

     Mais si cet inconnu a quelque rapport avec Laïos, y
815   a-t-il ici-bas un homme plus misérable que celui qui te
parle ? Un homme sur lequel les dieux s'acharnent
davantage[2] ? Nul étranger, nul citoyen n'a le droit de
m'accueillir chez lui, ni de m'adresser la parole[3]. Il doit
me chasser de sa demeure ! Et cela, nul autre... oui,
820   ces malédictions, c'est moi qui les appelais sur moi-
même !

     Et je salis l'épouse du mort, en la serrant dans ces
bras qui l'ont fait périr, lui ! Je suis né pour le crime,
n'est-ce pas ? Tout est souillure en moi, n'est-ce pas ?
Vois, il faut que je m'exile, et qu'en cet exil je m'inter-
dise de revoir les miens, de mettre le pied dans ma
825   patrie, sous peine d'être voué à épouser ma mère, à
tuer mon père – Polybe[4], lui qui m'a élevé, lui qui m'a
fait naître ! C'est la cruauté d'un dieu[5], n'est-ce pas,
qui s'acharne sur moi ! On peut l'affirmer sans risque
830   d'erreur ! Non, non ! sainte Majesté des dieux, pré-
servez-moi de voir se lever ce jour-là, plutôt m'en aller
d'ici-bas et disparaître avant de me voir marqué d'une
flétrissure aussi atroce !

CORYPHÉE

Pour nous, Sire, tout cela est alarmant. Mais tu n'as
835   pas encore procédé à l'interrogatoire du témoin. D'ici
là, garde espoir !

ŒDIPE

Oui, c'est tout ce qui me reste d'espoir : attendre cet
homme, ce berger – rien de plus.

JOCASTE

Et quand il se sera présenté devant toi ? Pourquoi cette
impatience ?

ŒDIPE

Tu veux savoir ? Si sa version s'avère conforme à la
840 tienne, je serai hors de cause.

JOCASTE

Mais qu'ai-je donc dit de saillant ?

ŒDIPE

Ce sont *des* brigands[1], à ce que tu déclarais, qui, selon
lui, ont assassiné Laïos. Eh bien, s'il maintient ce pluriel, ce n'est pas moi l'assassin : *un* et *plusieurs*, cela
845 ne saurait revenir au même. Mais s'il ne parle que d'un
seul homme, d'un voyageur solitaire, la chose est claire,
dès lors, et c'est sur moi que cela retombe.

JOCASTE

Mais non, c'est bien ainsi qu'il a fait son rapport, tu
850 peux en être sûr, impossible qu'il le rétracte : toute la
ville l'a entendu, je ne suis pas la seule. D'ailleurs,
même s'il s'écartait un peu de son premier récit, cela
ne suffirait pas, Seigneur, à faire cadrer correctement
les choses pour ce meurtre : Apollon n'avait-il pas
spécifié que Laïos devait mourir de la main d'un enfant
855 qu'il aurait de moi ? Or ce n'est pas ce pauvre petit qui
l'a tué, non : il avait péri lui-même bien avant ! Aussi

m'en voudrais-je de jeter les yeux ni à gauche ni à droite en matière de prédictions[1], désormais !

ŒDIPE

Tu as raison. Mais tout de même, ce valet, envoie-le
860 chercher, je ne t'en tiens pas quitte.

JOCASTE

J'envoie à l'instant. Mais rentrons dans le palais[2]. Je me garderais de rien faire qui te déplaise.

[Ils se retirent tous deux.]

[DEUXIÈME STASIMON]

LE CHŒUR

[Strophe I]

    Puissé-je me voir accorder la grâce
    de respecter la sainte pureté
865   dans mes propos et dans mes actes !
        Dressées sur leur socle sublime,
        les Lois qui gouvernent ma vie,
        filles du firmament céleste,
        n'ont d'autre berceau que l'Olympe.
    Non, leur source n'est point humaine ni mortelle,
870 et nul oubli jamais ne les endormira :
        toute une immensité divine[1]
        y est enclose avec sa jeunesse éternelle !

[Antistrophe I]

    Démesure fait germer tyrannie* !
    Démesure qui, amplement gavée
875   d'incartades et de chimères[2],
        ne prend pied en haut du pinacle
        que pour culbuter dans l'abîme
        d'un inévitable désastre,
        jarrets coupés[3], désemparée !
    Mais quand un homme lutte* ardemment, noblement
    pour son pays, que rien jamais ne le désarme[4] !

---

   * Voir p. 126, Note complémentaire, sur les interprétations de *tyrannos* et *palaisma*.

880　　C'est à ma prière à Dieu ! Jamais
　　　je ne renoncerai à m'appuyer en Dieu.

[Strophe II]

　　　Mais celui qui, dans l'arrogance de son verbe
885　　　et de son poing[1], va bravant la Justice
　　　　sans rendre hommage aux divins sanctuaires,
　　　puisse un destin mauvais s'appesantir sur lui,
　　　　　pour châtier sa richesse[2] maudite !
　　　　　　Si les succès qu'il accumule
890　　　　　sont des succès d'iniquité,
　　　s'il ne recule pas devant le sacrilège,
　　　　　　s'il doit porter la main,
　　　le fou ! sur ce qu'il faut adorer de bien loin,
　　　qui voudra se flatter de garder là devant
　　　son cœur inaccessible à l'indignation ?
895　　　　　Si tels crimes sont à l'honneur,
　　　quel sens garde ma liturgie[3] ?

[Antistrophe II]

　　　Oui ! Je renoncerai à porter mes hommages
　　　　à Delphes, centre adorable du monde[4],
　　　　à Olympie, au temple de Phocide[5],
900　　　si les cœurs ici-bas ne sont plus unanimes,
　　　　tous, pour stigmatiser[6] de tels défis !
　　　　　Souverain Maître, ô Tout-Puissant
　　　　　Zeus, si ces titres te sont dus,
　　　ne laisse pas l'impie esquiver Ton regard,
905　　　　　　Ton pouvoir immortel !
　　　Les décrets que le Ciel a portés sur Laïos,
　　　voici qu'on les annule et qu'on les rend caducs ;
　　　nulle part on ne voit l'auréole d'honneurs
　　　　　dont l'éclat devrait s'élever
910　　　　　vers Apollon ! Les dieux[7] s'en vont !

[TROISIÈME ÉPISODE]

[1. JOCASTE, LE MESSAGER, ŒDIPE]
[« Hyporchème » du chœur]
[2. ŒDIPE, LE MESSAGER, LE PÂTRE]

[Entre Jocaste avec des suivantes.]

JOCASTE

Dignitaires[1] de notre ville ! l'idée m'est venue de rendre visite aux divins temples, les bras chargés, vous le voyez, de guirlandes et de parfums. Œdipe se monte la
915 tête[2] – beaucoup trop – de toutes sortes de soucis. Le précédent des anciens oracles ne lui sert pas, comme à un homme raisonnable, de pierre de touche pour les nouveaux. Il est tout à qui lui parle, pourvu qu'on lui parle épouvante. Mes objurgations sont vaines. C'est donc toi, Apollon, puisque te voici tout proche, que je
920 viens supplier : reçois mes offrandes, délivre-nous, chasse tous ces miasmes – nous sommes tous consternés aujourd'hui de le voir en plein désarroi, lui, pilote de notre navire !

[Entre un Messager venant de la campagne.]

UN MESSAGER

Pouvez-vous me renseigner, étrangers ? Où est la
925 demeure de votre roi, Œdipe ? Mais plutôt, lui-même, si vous savez où il est, dites-le-moi[3].

CORYPHÉE

C'est ici son palais, étranger, et tu l'y trouveras. Voici
celle qu'il a pour femme et pour mère de ses enfants.

LE MESSAGER

Que bénis soient ses jours, et bénis ceux des siens à
930 jamais, si elle est de plein droit l'épouse de ce héros!

JOCASTE

Ainsi soit pour toi-même, étranger. Tu le mérites bien,
par ces bonnes paroles. Mais pourquoi es-tu là? Que
désires-tu, que viens-tu annoncer?

LE MESSAGER

Du bonheur pour ta maison, femme, et pour ton mari.

JOCASTE

935 De quoi s'agit-il? De la part de qui viens-tu?

LE MESSAGER

J'arrive de Corinthe. Ce que je vais te dire te fera sans
doute plaisir – oui, assurément... mais aussi du chagrin
peut-être.

JOCASTE

Qu'est-ce donc? une nouvelle à double tranchant?
comment cela?

LE MESSAGER

Les habitants du territoire de l'Isthme[1] vont le placer
940 sur le trône ; c'est ce que l'on disait là-bas.

JOCASTE

Quoi ? le vieux Polybe n'est donc plus au pouvoir ?

LE MESSAGER

Non certes : il est mort, il est au tombeau.

JOCASTE

Qu'as-tu dit ? Il est mort, Polybe ?

LE MESSAGER

Si je ne dis vrai, je consens que la mort me prenne,
moi !

JOCASTE *[à une suivante]*

945 Servante, va dire cela à ton maître, tu entends ? et vive-
ment ! Ô prophéties divines, où êtes-vous ? Cet homme,
Œdipe le fuyait depuis des années, par crainte de le
tuer, et aujourd'hui voici qu'il a succombé à son destin,
sans que son fils y fût pour rien.

[Entre Œdipe.]

ŒDIPE

950 Jocaste, ma bien chère épouse, pourquoi m'as-tu fait
venir ici, hors du palais ?

JOCASTE

Écoute cet homme, et constate, à l'entendre, quelle a
été l'issue des augustes oracles du dieu.

ŒDIPE

Lui ? mais qui est-il ? et qu'a-t-il à me dire ?

JOCASTE

955 Il vient de Corinthe, il apporte des nouvelles de ton
père. Polybe n'est plus de ce monde : il est mort.

ŒDIPE

Que dis-tu, étranger ? Parle toi-même, explique-moi.

LE MESSAGER

S'il me faut livrer la nouvelle d'emblée et sans détour,
sache-le : la mort l'a emporté.

ŒDIPE

960 Victime d'un attentat ? ou est-ce une maladie qui l'a
saisi ?

LE MESSAGER

Une chiquenaude suffit à coucher un vieux corps.

ŒDIPE

Je le vois : c'est à une maladie qu'il a succombé, le
malheureux.

LE MESSAGER

Et à son grand âge aussi, en même temps.

ŒDIPE

965 Ah ! à quoi bon désormais, femme, faire cas des prédictions du Foyer delphique, ou des oiseaux qui criaillent dans les airs ? À les en croire, je devais tuer mon père. Le voilà mort, et enfoui sous la terre. Et moi, je suis ici ! je n'ai pas touché une arme ! À moins que par hasard il n'ait succombé au regret qu'il avait de 970 moi... Ainsi la mort lui serait venue de moi. En tout cas, les oracles auxquels je me heurtais, il les a emportés avec lui, Polybe, dans l'autre monde, où le voilà couché : ils ne valaient rien.

JOCASTE

C'est bien ce que je te disais, déjà, moi, et depuis longtemps.

ŒDIPE

Tu l'affirmais, oui. Mais l'effroi m'égarait.

JOCASTE

975 À présent, ne viens plus t'encombrer le cœur de tout cela !

ŒDIPE

Mais pour ma mère ? Cette crainte-là, je la garde ; ne dois-je pas la garder ?

JOCASTE

Pourquoi s'effrayer ? Quand on est homme, on est sous
la main du destin, on ne peut rien prévoir exactement.
Le mieux, c'est de prendre la vie comme elle vient
980 autant qu'on le peut. Ne t'effraie pas à l'idée d'épouser
ta mère : on a souvent vu, ici-bas, des gens partager,
en rêve, le lit maternel[1]. Il suffit de ne pas faire cas de
ces choses-là, et la vie est facile à porter.

ŒDIPE

Tout cela serait bel et bon, si ma mère n'était plus en
985 vie ; mais comme elle est vivante, tu as beau parler, et
bien parler, il est de toute nécessité que je garde des
craintes.

JOCASTE

Quelle immense éclaircie[2], pourtant, de savoir ton père
au tombeau !

ŒDIPE

Immense, je te l'accorde. Mais c'est la vivante qui me
fait peur.

LE MESSAGER

Mais de quelle femme parlez-vous ? À propos de qui
cette peur ?

ŒDIPE

990 Mérope, vieillard, celle que Polybe avait pour
compagne.

LE MESSAGER

Elle ? Et d'où vient qu'elle vous fasse peur ?

ŒDIPE

D'un oracle que les dieux ont lancé : un oracle terrible, étranger !

LE MESSAGER

Peut-il se dire ? Ou devez-vous rester seul à le connaître ?

ŒDIPE

Le voici : Apollon m'a dit un jour que j'étais voué à
995 m'unir à ma propre mère, et à verser de mes mains le sang de mon père. Aussi depuis longtemps m'étais-je fixé bien loin de Corinthe – pour mon bonheur, certes... et cependant, la douce chose que c'est de croiser nos regards avec ceux de nos parents.

LE MESSAGER

1000 C'est donc cette crainte-là qui te maintenait expatrié ?

ŒDIPE

Oui, je voulais n'être point parricide, vieillard.

LE MESSAGER

Ah ! Sire, que ne t'ai-je délivré déjà de cette peur, moi qui te suis tout dévoué, tel que tu me vois venu !

ŒDIPE

Eh bien, je saurai récompenser ce service autant qu'il mérite !

LE MESSAGER

1005 Ma foi, précisément, c'est là le but de ma démarche :
l'espoir, quand tu seras rentré à ton foyer, d'en tirer
quelque bénéfice.

ŒDIPE

Non. Jamais je n'irai là-bas ! Je ne toucherai pas à ceux
qui m'ont donné le jour.

LE MESSAGER

Ah ! mon fils, tu fais tout à fait fausse route, c'est
évident...

ŒDIPE

Comment, vieillard ? Pour l'amour du Ciel,
éclaire-moi !

LE MESSAGER

1010 ... Si c'est pour ces motifs que tu évites de rentrer chez
toi.

ŒDIPE

Je redoute de donner lieu à l'oracle de se révéler exact.

LE MESSAGER

Tu as peur de ne pas garder les mains nettes[1] à l'égard
de tes parents ?

ŒDIPE

C'est cela même, vieillard : c'est l'effroi[2] qui me hante.

LE MESSAGER

Sais-tu bien que rien ne justifie ces alarmes ?

ŒDIPE

1015 Comment cela, puisque je suis leur enfant, né de leurs
œuvres ?

LE MESSAGER

La raison ? C'est que Polybe n'était pour rien dans ta
naissance.

ŒDIPE

Quoi ? Ce n'est pas à Polybe que je dois le jour ?

LE MESSAGER

Pas plus qu'à celui qui te parle ! Non, tout juste autant !

ŒDIPE

Juste autant ? Que signifie ?... Mon père, et toi qui ne
m'es rien ?

LE MESSAGER

1020 C'est que ni lui, ni moi ne t'avons fait naître !

ŒDIPE

Mais il m'appelait son enfant ! Pourquoi ?

LE MESSAGER

Tu étais un don, vois-tu, qu'il avait jadis reçu de mes
mains.

ŒDIPE

Ainsi, je lui venais d'une main étrangère, et il m'a pris
en si grande affection ?

LE MESSAGER

Il était jusque-là sans enfant : tu l'as conquis.

ŒDIPE

1025 Mais toi, m'avais-tu acheté, ou trouvé, pour lui faire
ainsi cadeau de moi ?

LE MESSAGER

Je t'avais rencontré dans un vallon boisé du Cithéron[1].

ŒDIPE

Ton chemin te menait dans ces parages-là ? Pourquoi ?

LE MESSAGER

J'y avais en charge des troupeaux sur les alpages.

ŒDIPE

Tu étais donc un berger transhumant, loué à gages ?

LE MESSAGER

1030 Un berger qui t'a sauvé la vie, mon enfant, en ce temps-là !

ŒDIPE

Et de quoi étais-je victime, quand tu m'as recueilli ?

LE MESSAGER

Tes chevilles pourraient en témoigner encore.

ŒDIPE

Ah ! cette ancienne disgrâce que tu viens d'évoquer !

LE MESSAGER

Je t'ai délié : tu avais les pieds transpercés au talon.

ŒDIPE

1035 Oui, cet indigne traitement me fut infligé dès le berceau !

LE MESSAGER

Et c'est à cette circonstance[1] que tu dois le nom que tu portes.

ŒDIPE

Pour l'amour du Ciel, qui m'avait fait cela[2] ? ma mère ? mon père ? Parle !

LE MESSAGER

Je ne sais : celui de qui je t'ai reçu en sait plus long
que moi.

ŒDIPE

Comment, tu me tenais d'un autre ? Tu ne m'avais donc
pas trouvé toi-même ?

LE MESSAGER

1040 Non : c'est un autre berger qui t'a transmis à moi.

ŒDIPE

Qui cela ? Peux-tu le préciser ? J'écoute.

LE MESSAGER

On le nommait comme étant des gens de Laïos.

ŒDIPE

L'ancien roi de ce pays, jadis ?

LE MESSAGER

C'est cela même : il était pâtre à son service.

ŒDIPE

1045 Est-il encore en vie, cet homme, que je puisse le voir ?

LE MESSAGER [*Au chœur*]

C'est vous qui pouvez le savoir mieux que personne, étant du pays.

ŒDIPE

Y a-t-il quelqu'un parmi vous qui sache quel est le berger dont il parle ? Est-il aux champs ? Ou même en ville ? L'a-t-on vu ? Répondez net, il faut que tout cela
1050 soit enfin démêlé : c'est le moment.

CORYPHÉE

Je pense qu'il n'est autre que le paysan dont tu réclamais tout à l'heure la comparution. Mais vois, Jocaste est là, qui pourrait le dire mieux que personne.

ŒDIPE [*À Jocaste*]

Dis-moi, Jocaste, l'homme dont nous souhaitions à
1055 l'instant la venue, et celui dont il parle...

JOCASTE

Quoi, celui dont il parle ?... Ne t'y arrête pas. Ce qu'il a dit, effaces-en résolument jusqu'au souvenir : cela n'a pas de sens !

ŒDIPE

Il ferait beau de voir qu'ayant recueilli de pareils indices, je n'en fasse pas sortir la vérité sur ma naissance !

JOCASTE

1060 Non, pour l'amour des dieux, si tu as quelque souci de

ta propre vie, renonce à cette enquête. C'est assez de
mon tourment à moi !

ŒDIPE

Ne te désole pas ! Toi – même si je descendais de trois
générations d'esclaves[1] – il n'en rejaillira sur toi aucune
bassesse.

JOCASTE

Écoute-moi tout de même, je t'en supplie : ne fais pas
cela !

ŒDIPE

1065 Je n'écouterai rien ; je veux tirer la chose au clair.

JOCASTE

Pourtant, j'ai raison, oui ; ce que je t'en dis, c'est pour
le mieux.

ŒDIPE

Eh bien, ce mieux-là, je finis par en être excédé !

JOCASTE

Malheureux ! Puisses-tu ne jamais apprendre qui tu es !

ŒDIPE

Va-t-on enfin me l'amener, ce berger ? Et elle,
1070 laissez-la se complaire dans son riche lignage !

JOCASTE

Hélas ! Infortuné ! Oui, c'est le seul nom que je puisse
te donner. Un autre ? Jamais plus !

[Elle rentre brusquement dans le palais.]

CORYPHÉE

Pourquoi donc ce départ, Œdipe ? Quelle douleur sauvage a chassé ton épouse ? Ce silence... J'ai peur d'une
1075 explosion de malheur.

ŒDIPE

Explose ce qui voudra ! Mais moi, sur ma naissance,
si mesquine soit-elle, j'ai résolu de voir clair, et je
continuerai. C'est peut-être que, dans son orgueil
conjugal, elle a honte de ma roture. Mais moi, je me
1080 considère comme fils de la Fortune[1] et de ses bonnes
grâces, et je n'y trouverai pas de déshonneur. Oui, c'est
elle que j'ai eue pour mère ; et les phases de ma carrière
ont jalonné mon passage du mesquin au grandiose. Oui,
tel est mon lignage. Rien ne saurait faire jamais qu'il
1085 soit autre : pourquoi renoncerais-je à tout savoir sur ma
naissance ?

[HYPORCHÈME[2]]

LE CHŒUR

[Strophe]

Si je suis, moi, bon prophète,
si je sais deviner juste,
ô montagne Cithéron !
1090 dès demain (je te le jure,
j'en prends l'Olympe à témoin,
et nous n'y faillirons point),
quand la lune sera pleine,

nos danses te fêteront
comme étant concitoyenne,
nourrice et mère d'Œdipe !
1095   Celui qui règne sur nous
te doit tant de gratitude !
Apollon, dieu tutélaire,
devant toi, oui, ce vœu puisse-t-il trouver grâce !

[Antistrophe]

Quelle est celle entre les Nymphes
aux innombrables printemps,
quelle est donc, petit enfant,
celle qui t'a mis au monde ?
1100   Pan l'avait-il approchée,
le vieux rôdeur des montagnes ?
Ou serait-elle une amante
d'Apollon ? Il aime tant
tous les hauts plateaux agrestes !
Est-ce Hermès, dieu de Cyllène ?
1105   Ou Bacchus le montagnard
a-t-il donc eu la surprise
de te recevoir de l'une
des nymphes de l'Hélicon
qui ont si belle part à ses ébats folâtres ?

[On voit venir de loin un vieillard,
d'humble tenue, conduit par deux serviteurs.]

ŒDIPE

1110 S'il faut me hasarder à identifier un homme que je
rencontre pour la première fois, on dirait, mes amis[1],
que voici le berger dont nous sommes en quête depuis
quelque temps. Il est vieux : cela concorde bien. Cet
homme *[il désigne le Messager]* et lui sont du même
âge. D'ailleurs, ceux qui l'amènent, je crois les recon-
1115 naître pour des serviteurs à moi. Mais tu dois sans doute
en savoir plus long que moi, puisque tu l'as vu, ce
berger, dans le temps.

CORYPHÉE

Oui, je le reconnais, c'est sûr. Oui, il était à Laïos – homme de confiance s'il en fut –, à son rang de pâtre, s'entend.

ŒDIPE

C'est toi que je questionne d'abord, toi le Corinthien : est-ce l'homme dont tu parles ?

LE MESSAGER

1120 C'est lui, tu l'as devant les yeux.

ŒDIPE

À toi maintenant, l'ancien. Regarde-moi bien, et réponds à toutes mes questions. Tu étais à Laïos dans le temps ?

UN VIEUX PÂTRE

Oui, comme esclave. J'étais de sa maison – et non point par achat : de naissance.

ŒDIPE

Quel était le travail qui t'incombait ? Quel genre de vie ?

LE VIEUX PÂTRE

1125 La plupart du temps, je vivais avec des troupeaux que je gardais.

ŒDIPE

Et quels parages exactement fréquentais-tu ?

LE VIEUX PÂTRE

C'était tantôt le Cithéron, tantôt les parages avoisinants.

ŒDIPE

Alors, cet homme, as-tu idée que tu l'as connu quelque part par là ?

LE VIEUX PÂTRE

Qu'est-ce qu'il y faisait ? Et d'abord, de quel homme parles-tu ?

ŒDIPE

1130 De celui que voici ; l'as-tu rencontré d'une façon ou d'une autre ?

LE VIEUX PÂTRE

Non... pas de façon à pouvoir répondre si vite, de mémoire...

LE MESSAGER

Rien d'étonnant, maître ! Il ne sait plus, mais moi je vais lui éclaircir la mémoire. Je suis bien sûr qu'il se souvient du temps où nous faisions paître dans la région
1135 du Cithéron ; il avait deux troupeaux, moi un ; nous voisinions – trois saisons entières, du printemps à l'équinoxe, six mois chaque fois. Pour l'hiver, nous ramenions nos bêtes, moi dans mes étables, lui aux

bergeries de Laïos. *[Au Pâtre.]* Est-ce que ça s'est passé
1140 comme je dis là, oui ou non ?

LE VIEUX PÂTRE

C'est vrai, ce que tu dis. Mais il y a bel âge de cela !

LE MESSAGER

Eh bien, maintenant dis-moi : tu te rappelles qu'en ce temps-là tu m'as donné un enfant pour le soigner par devers moi comme mon nourrisson ?

LE VIEUX PÂTRE

Quoi ? Qu'est-ce que cette question ? Où veux-tu en venir ?

LE MESSAGER *[montrant Œdipe]*

1145 Le voilà, mon bon ! C'est lui, le nouveau-né de jadis !

LE VIEUX PÂTRE *[levant son bâton[1]]*

Va te faire pendre ! Veux-tu te taire ?

ŒDIPE

Ah ! non, l'ancien ! Ne le rabroue pas. C'est toi, bien plutôt que lui, dont les paroles méritent d'être rabrouées.

LE VIEUX PÂTRE

Mais, mon excellent maître, qu'ai-je fait de mal ?

ŒDIPE

1150 Tu n'as pas répondu à sa question à propos de l'enfant.

LE VIEUX PÂTRE

Il parle sans savoir, il perd sa peine...

ŒDIPE

Vas-tu parler de bon gré ? Ou bien, sous le fouet, tu parleras !

LE VIEUX PÂTRE

Non, pour l'amour du Ciel, ne me maltraite pas : je suis vieux !

ŒDIPE

Allons, plus vite que ça ! Qu'on lui garrotte les mains dans le dos !

LE VIEUX PÂTRE

1155 Malheur à moi ! Qu'est-ce que j'ai fait ? Qu'est-ce que tu tiens à apprendre ?

ŒDIPE

L'enfant, le lui as-tu donné ? Réponds à cette question.

LE VIEUX PÂTRE

Je l'ai donné... Que ne suis-je mort ce jour-là !

ŒDIPE

Eh bien, c'est ce qui t'attend aujourd'hui, si tu ne me dis pas ce que j'ai le droit de savoir.

LE VIEUX PÂTRE

Mais pour moi, si je dois le révéler... Alors, oui, c'est souffrir mille morts !

ŒDIPE

1160 On dirait que ce drôle va chercher des faux-fuyants !

LE VIEUX PÂTRE

Moi ? Mais non ! Je l'ai donné, je te l'ai dit il y a un moment.

ŒDIPE

Où l'avais-tu pris ? Il était de chez toi ou de quelqu'un d'autre ?

LE VIEUX PÂTRE

De moi ? Non pas : je l'avais reçu de quelqu'un.

ŒDIPE

De cette ville ? Et de qui donc ? De quelle maison ?

LE VIEUX PÂTRE

1165 Pour l'amour du Ciel, maître, n'en demande pas plus !

ŒDIPE

Tu es un homme mort, si j'ai à répéter ma question.

LE VIEUX PÂTRE

Eh bien... C'était un nouveau-né de chez Laïos.

ŒDIPE

Un esclave ? Ou un enfant de sa famille ?

LE VIEUX PÂTRE

Hélas ! me voici au pied du mur. C'est horrible à dire.

ŒDIPE

1170 Et pour moi, à entendre. Mais il me faut l'entendre.

LE VIEUX PÂTRE

C'était son fils à lui, à ce qu'on me disait. Mais tu as ici quelqu'un qui pourrait te renseigner mieux que personne : ta femme.

ŒDIPE

C'est elle qui te l'a remis ?

LE VIEUX PÂTRE

Oui, Seigneur.

ŒDIPE

Pourquoi ? Que voulait-elle ?

LE VIEUX PÂTRE

Que je le supprime.

ŒDIPE

Elle, son enfant ? La malheureuse !

LE VIEUX PÂTRE

1175 Un oracle sinistre lui faisait peur.

ŒDIPE

Lequel ?

LE VIEUX PÂTRE

Il était dit qu'il tuerait ses parents.

ŒDIPE

Et pourquoi l'as-tu laissé aux mains de ce vieillard, toi ?

LE VIEUX PÂTRE

Un mouvement de pitié, maître... Je pensais qu'il l'emporterait ailleurs, dans le pays d'où il était. Et voilà *1180* qu'il l'a sauvé pour les pires désastres ! Si tu es bien celui qu'il prétend, tu portes le malheur[1] dans ton sang, sache-le.

ŒDIPE

Ah ! tout serait donc accompli, point par point. Ô lumière, pour la dernière fois puissé-je aujourd'hui élever vers toi mes regards, moi dont il s'est révélé que

je suis né de ceux dont c'était un crime de naître[1], que
je vis avec celle que c'était un crime d'approcher, que
1185 j'ai tué celui que c'était un crime de tuer !

[Il se rue dans le palais. Le Messager et le Pâtre
se retirent en silence.]

[TROISIÈME STASIMON]

Le Chœur

[Strophe I]

Ah ! mortels qui vous succédez
en cette vie, comme il est vrai
qu'il faut vous compter pour néant !
Est-il un homme, en est-il un
1190   dont le lot de bonheur ne soit pas seulement
de quoi donner illusion – pas davantage –
        illusion, avant l'abîme ?
        Instruit par ton exemple, Œdipe,
le tien, par le destin qui t'accable, le tien,
oui, le tien, je comprends que la félicité
1195   en ce monde n'est pour personne !

[Antistrophe I]

        Œdipe avait poussé sa pointe
        plus juste et fine que nul autre[1],
        il avait conquis l'opulence,
        et tout était bonheur pour lui !
Dieu souverain ! – c'est lui qui avait abattu
la Fille aux doigts griffus, chanteresse d'énigmes !
1200   Il s'est dressé pour mon pays
        comme un rempart contre la mort,
– et depuis ce temps-là nous te disons « Mon roi ! »[2]
les honneurs les plus grands sont venus te combler,
        Souverain de Thèbes la Grande !

[Strophe II]

Mais, à présent, est-il quelqu'un dont le malheur
                soit plus criant ? Est-il quelqu'un
                chez qui désastres plus sauvages
soient venus se donner rendez-vous, pour le prendre
aux tourments d'une vie dont le cours se retourne ?
                Œdipe, ô illustre figure,
                le même havre qu'à ton père
                t'a donc suffi et s'est ouvert tout grand
1210   à toi le fils, pour y blottir tes soins d'époux ?
                Comment peut-il, comment peut-il se faire
                que le sillon que ton père a connu
                t'ait supporté sans horreur, malheureux,
                et pendant si longtemps !

[Antistrophe II]

Le Temps, de son regard auquel n'échappe rien,
                t'a découvert bien malgré toi[1].
                Il dénonce aujourd'hui tes noces,
ah ! ces noces sans nom[2] où tu t'es attardé,
1215   semant la vie là où ta vie avait germé !
                Hélas ! hélas ! fils de Laïos,
                ah ! plût au Ciel, oui, plût au Ciel
                que mes regards jamais ne t'eussent vu !
Je ne fais que gémir : c'est un cri éperdu
                qui jaillit de ma bouche... En vérité,
1220   c'est toi, jadis, qui m'as rendu le souffle,
                c'est à présent toi qui ensevelis
                mes regards dans la nuit[3].

[EXODOS : SORTIE DU CHŒUR]

[1. LE VALET]
[2. ŒDIPE]
[3. ŒDIPE, CRÉON]
[4. Les mêmes, ANTIGONE et ISMÈNE]

[Entre un valet, venant du palais.]

UN VALET

Vous êtes là, vous, qui représentez le plus pur honneur
de la patrie[1] ! Ah ! qu'ont-ils fait ! Vous allez
l'entendre... Qu'ont-ils fait ! Vous allez le voir... Quel
1225 chant de deuil vous allez élever, si, fidèles à votre sang,
vous avez encore souci de la maison des Labdacides !
Tous les fleuves de l'Orient[2] ne suffiraient pas, je crois,
à laver, à purifier cette demeure de toutes les horreurs
qu'elle cache, de celles aussi qui bientôt éclateront au
1230 grand jour, et qui sont volontaires – oui, je le dis :
volontaires[3]. Et les maux les plus affligeants sont bien
ceux où l'on s'est jeté soi-même librement !

CORYPHÉE

Rien ne manque plus à ce que nous savions déjà pour
accabler et déchirer nos cœurs... Qu'as-tu donc à y
ajouter ?

LE VALET

Le mot le plus bref qui soit à dire et à entendre : la
1235 mort de Sa Majesté[1] la reine Jocaste.

CORYPHÉE

La malheureuse ! Et d'où est venu le coup ?

LE VALET

D'elle-même, sur elle-même. De ce drame vous n'aurez
pas connu le plus affreux : vous ne l'avez pas vu, vous.
Je vais pourtant vous retracer, pour autant qu'ils se
1240 soient fixés en moi, les détails de ce que l'infortunée
a subi[2].
      À peine, dans un élan éperdu, eut-elle traversé le
vestibule pour rentrer, qu'elle se précipita vers le lit
conjugal, en s'arrachant à deux mains les cheveux. Elle
entre, claque la porte pour s'enfermer ; elle invoque
1245 Laïos, depuis si longtemps déjà dans la tombe. Elle lui
parle, elle rappelle cette naissance d'autrefois, qui a
causé sa mort à lui – et elle, elle ne lui avait survécu
que pour forger à son propre fils une lignée mons-
trueuse ! Et elle pleurait la couche où, doublement malheureuse, elle avait enfanté, de son mari, un mari, et
1250 des enfants, de son enfant ! Après cela, comment
a-t-elle péri ? Je ne sais plus... On entend des cris.
C'était Œdipe : il fait irruption ; il n'était plus question
d'aller voir comment elle succombait. Nous ne
pouvions plus regarder que lui-même : il tournait en
rond, passait de l'un à l'autre en nous demandant de
1255 lui fournir une arme, de lui dire où il pourrait joindre
sa femme – non pas sa femme, mais ce sein doublement
maternel où ses enfants avaient mûri après lui. Dans la
frénésie où il était, un dieu[3] sans doute vint le guider :
nous n'y sommes pour rien, nous, les hommes qui
1260 l'entourions. Il lance un hurlement affreux[4], et comme
s'il avait eu quelqu'un pour le conduire, il fonce sur

les vantaux de la porte, pèse sur le verrou[1], le fait ployer
et sortir de la gâche – il se rue dans la chambre.

Là – oui, pendue – nous avons aperçu Jocaste
balancée au bout d'un lacet tressé qui l'étranglait. Il
1265 la voit, le malheureux, il pousse un rugissement affreux,
il dénoue le lien qui la pend... Voici le pauvre corps
gisant... Et alors, quelle chose atroce, ce qui nous res-
tait à voir ! Il lui arrache les agrafes[2] d'or qui ornaient
ses vêtements, les brandit, et en frappe dans leurs
1270 orbites ses propres yeux : ils cesseraient ainsi, disait-il
à peu près, de voir les horreurs dont il était victime et
dont il était coupable, ils ne se fixeraient plus désormais
que dans la nuit, ici-bas, sur ceux qu'il n'aurait pas dû
voir[3], et ne reconnaîtraient plus aux enfers ceux qu'il
1275 avait voulu connaître. Telle était sa complainte et, à
coups répétés – un seul ne lui suffisait pas – il se
frappait les yeux en levant les paupières. Rouge, le sang
giclait de ses prunelles sur sa barbe[4] ; ce n'était pas un
suintement sanguinolent qu'elles laissaient perler, mais
une pluie pressée et noire, une grêle sanglante qui
l'inondait[5].

1280 Tels sont les malheurs qui ont éclaté de part et
d'autre. Malheurs solidaires : le mari et la femme ont
confondu leur désespoir. Hier encore, l'antique héritage
de félicité était pour eux légitime félicité. Mais voici
aujourd'hui sanglots et catastrophe, et mort, et igno-
minie... de tous les noms que porte le malheur, aucun
1285 qui n'ait ici sa place !

CORYPHÉE

Et, à présent, l'infortuné a-t-il un peu de répit dans son
tourment ?

LE VALET

Il crie : il veut qu'on écarte les portes, qu'on fasse voir
à toute la ville de Thèbes l'homme qui, de son père,
fut l'assassin, et de sa mère... non, cette parole abominable me brûlerait les lèvres ! Il semble décidé à se
1290 jeter hors du pays[6], à ne plus rester dans cette demeure,

maudit qu'il est par les imprécations mêmes qu'il a
lancées. Quoi qu'il en soit, il lui faut un appui, un guide,
car la disgrâce qui l'accable, c'est plus qu'on n'en peut
supporter. Tu vas en juger toi-même : regarde, les van-
1295 taux du portail s'écartent : le spectacle que tu vas voir
ferait pitié au pire de ses ennemis !

[Entre Œdipe, aveugle, les yeux sanglants.]

LE CHŒUR

Ô souffrance atroce à des regards d'homme !
ô la plus atroce[1] entre toutes celles
qui se soient encore offertes à moi !
1300 De quelle folie t'es-tu fait la proie,
toi que tout accable ? Et quel dieu maudit
a fondu sur toi d'un bond inouï,
gigantesque, à l'assaut de ton destin maudit[2] ?
Oh ! oh ! malheureux, je n'ai pas la force
de te regarder seulement en face...
J'ai mille désirs de t'interroger,
1305 désirs de savoir, désirs de sonder...
mais c'est un tel frisson qui me glace à ta vue !...

ŒDIPE *[avançant à tâtons]*

Hélas ! hélas ! malheur à moi !
Où donc m'emporte sur la terre
ma route accablée ? où se perd
1310 ma voix sur les ailes du vent ?
Destin maudit, où donc es-tu venu t'abattre !...

CORYPHÉE

Dans une atrocité dont on ne peut soutenir ni le nom
ni le spectacle.

ŒDIPE

[Strophe I]

Ô ténèbre
où me voici plongé ! ah ! nuit abominable,
1315 inexprimable, insurmontable et qui me laisse
désemparé !
Hélas ! deux fois hélas ! suis-je assez déchiré
par les élancements de ces plaies qui me vrillent[1]
et par le souvenir de mes horreurs !

CORYPHÉE

Qui oserait te reprocher[2], au milieu de tant de désastres,
1320 de mener double deuil, comme tu portes double horreur[3] ?

ŒDIPE

[Antistrophe I]

Ô ami[3] !
Sur toi, sur ton soutien, je puis compter encore ?
Oui, puisque tu consens encore à m'assister
moi, pauvre aveugle !
1325 Hélas ! oh oui c'est toi, je ne m'y trompe pas !
Je discerne ta voix, du fond de mes ténèbres...
oui, et je sais encor la reconnaître !

CORYPHÉE

Ah ! c'est atroce, ce que tu as fait ! Comment as-tu
pris sur toi de brûler ainsi ton regard ? Qui t'a
poussé ? Quel dieu ?

ŒDIPE

[Strophe II]

Ce fut Apollon, amis, Apollon
1330 qui lança les maux que voici, les maux

sur moi que voici, sur moi, ces horreurs !
    Mais la propre main, et la seule
    qui m'a frappé, c'est bien la mienne !
    Tout m'accablait : pourquoi devais-je
    conserver encore un regard,
    quand plus rien ne s'offrait à moi
1335 où mon regard eût pu trouver la moindre joie ?

CORYPHÉE

Oui, tu dis bien vrai : tu en étais là.

ŒDIPE

    Que m'était-il donné de voir
qu'il pût m'être donné de chérir ? Et quels mots
pourrait-on m'adresser qu'il me soit doux d'entendre[1] ?
1340   Non, jamais plus ! ah ! emmenez-moi vite,
emmenez-le, chassez-le donc de cette terre,
    ô mes amis, ce monstre abominable,
    objet entre tous d'exécration,
1345 et de surcroît, objet, entre tous ici-bas,
      de la haine des dieux !

CORYPHÉE

Doubles tortures – celle de ton malheur, et celle de ta
conscience ! Comme je voudrais ne t'avoir jamais
connu[2] !

ŒDIPE

[Antistrophe II]

    Ah ! maudit soit-il, ce berger errant
1350 qui a délivré mes pieds de l'entrave
d'un garrot barbare ! Il m'a préservé
    de mourir, je lui dois la vie :
    mais le geste qu'il a fait là,
    ne fut pour moi que cruauté.
    Ah ! si j'étais mort ce jour-là !

Ni pour qui m'aime[1], ni pour moi,
1355 je ne serais un tel fardeau de désespoir !

CORYPHÉE

Qu'ainsi eût été ! Mon vœu est le tien.

ŒDIPE

Oui, je n'en serais pas venu
à être l'assassin de mon père ; le monde
n'aurait pas dit de moi que je suis devenu
l'époux de celle à qui j'ai dû le jour !
1360 À la face des dieux je suis un réprouvé,
fils d'une infâme, et mes enfants sont nés
de celle même à qui j'ai dû le jour !
1365 S'il est horreur plus souveraine que l'horreur,
c'est bien le lot d'Œdipe !

CORYPHÉE

À quel parti t'es-tu jeté ! je ne sais comment le justifier.
Mieux valait pour toi n'être plus, que de survivre
aveugle !

ŒDIPE

Que je n'aie pas agi là pour le mieux ? Épargne-moi
1370 tes leçons, et trêve de conseils ! De quels yeux, dis-moi,
aurais-je regardé mon père, en arrivant chez les morts,
et aussi ma pauvre mère, après les crimes que j'ai
commis envers eux, et pour lesquels ce serait trop peu
1375 que de m'étrangler ! Et mes enfants, nés comme ils sont
nés, pouvais-je croiser encore mes regards avec les
leurs ? Non, certes, ce n'est plus à moi de les avoir
jamais devant les yeux, eux, ni la ville, ni le rempart,
ni les saintes images des dieux ! Tout cela – oh ! mal-
1380 heur sans fond, après la splendeur dont Thèbes[2] m'a
comblé entre tous ses enfants ! – c'est moi qui m'en
suis moi-même exclu, quand j'ai ordonné à tous de
chasser l'impie[3], celui dont le Ciel a fait éclater l'igno-
minie ! Et après avoir ainsi dénoncé moi-même quelle

1385 tache je suis sur la race de Laïos, pouvais-je les regarder
droit dans les yeux ? Non, mille fois non ! Et s'il était
possible de barrer le chemin de mes oreilles aux sons
qui viennent s'y former, rien ne m'aurait retenu de
verrouiller mon pauvre corps, de le rendre sourd,
aveugle qu'il est déjà, car une conscience retranchée
1390 hors de portée de ce qui l'assaille, c'est un doux refuge !
Pourquoi ai-je été recueilli ? Pourquoi, abandonné
dans la montagne, ne m'a-t-on pas laissé périr ? Ainsi
jamais n'aurais-je étalé mon origine devant les
1395 hommes ! Ô Polybe, ô Corinthe, ô antique demeure qui
passait pour celle de mes pères, quel chancre de
misère[1], tout brillant que j'étais, vous avez nourri en
votre sein ! Ne se révèle-t-il pas que je suis un misérable, et fils de misérables ? Ô croisée de chemins,
vallon caché, bouquet de chênes, étranglement de la
1400 route vers le carrefour, vous qui avez bu mon sang
versé de mes mains, le sang de mon père, vous sou-
vient-il du crime que j'ai commis à votre face, avant
celui que je suis venu consommer ici, ici aussi !
Ô noces, noces d'où j'ai germé à la vie ! Après ce
germe, vous avez fait, de lui, lever une seconde
1405 semence, et paraître sous le ciel un être qui est le père
de ses frères, des enfants qui ont puisé leur sang dans
le même sang que leur père, une femme qui est l'épouse
de celui dont elle est mère[2], toutes les pires turpitudes
qui se peuvent rencontrer chez les hommes !
Mais les paroles sont hideuses, quand les actes
1410 qu'elles évoquent le sont aussi. Vite, pour l'amour des
dieux, cachez-moi hors d'ici, tuez-moi, jetez-moi à la
mer, n'importe où, que vous n'ayez plus jamais à me
voir ! Allons, n'ayez pas de répugnance à poser votre
main[3] sur un misérable, ne refusez pas, rassurez-vous :
des malheurs comme les miens, nul autre que moi
1415 ici-bas n'est de taille à s'en voir chargé.

CORYPHÉE

Ce que tu demandes là... mais voici venir Créon à point
nommé pour agir et pour aviser : il reste seul pour
prendre ta relève et veiller[4] sur notre pays.

ŒDIPE

Hélas ! que vais-je bien lui dire ? Au nom de quoi
1420 serais-je en droit de compter sur lui ? Ma conduite
envers lui tout à l'heure s'est révélée pleinement
odieuse !

[Paraît Créon.]

CRÉON

Ce n'est pas pour rire de tes malheurs, Œdipe, que je
suis venu ; ni même pour te reprocher tes odieux propos
de tout à l'heure. *[Au Chœur :]* Mais vous, si vous avez
perdu tout égard pour les lignées humaines, respectez
1425 du moins le Foyer qui nourrit toutes choses, le Soleil
qui règne sur nous : ne laissez pas ainsi étaler au jour
un sacrilège si abominable, à qui la terre, ni l'onde
sainte, ni la lumière ne pourront donner asile[1] ! Allons,
hâtez-vous vite de le reconduire dans la maison. C'est
1430 à la famille seule qu'il sied vraiment de voir et
d'entendre, sans que ce soit une profanation, les
atrocités de famille[2].

ŒDIPE

Pour l'amour des dieux, je t'en supplie ! Puisque tu
viens de balayer mes appréhensions en venant ainsi à
moi avec tant de bonté, quand je suis le dernier des
criminels, écoute-moi : c'est pour toi, non pour moi,
que je viens parler.

CRÉON

1435 Que demandes-tu si instamment ? Qu'attends-tu de
moi ?

ŒDIPE

Jette-moi hors de ce pays, au plus vite, quelque part où
je ne trouve plus âme qui vive pour m'adresser la
parole !

CRÉON

Je l'aurais fait déjà, tu peux m'en croire, si je ne tenais, avant toute chose, à être informé par le dieu de ce qui est à faire.

ŒDIPE

1440 Lui ? Mais sa sentence a été nette et décisive : avec le parricide, l'impie, avec moi – en finir !

CRÉON

C'est bien sa réponse, mais tout de même, dans la situation qui nous presse, il vaut mieux s'informer encore sur la conduite à tenir.

ŒDIPE

Pour un misérable comme moi, vous allez consulter ?

CRÉON

1445 Oui, et cette fois, je pense que tu feras confiance au dieu ?

ŒDIPE

Soit. Mais j'ai une mission à te laisser : c'est à toi que j'aurai recours pour donner toi-même, à celle qui gît dans le palais, sépulture à ton gré. C'est à toi qu'il sied d'accomplir ce rite, en faveur d'un des tiens.
     Quant à moi, puisse cette cité, qui fut celle de mon
1450 père, n'être appelée jamais plus à m'avoir, vivant, dans ses murs ! Non : laisse-moi me confiner dans les montagnes, je précise : sur le Cithéron[1] : il est à moi : c'est lui que mon père et ma mère, de leur vivant, m'avaient fixé et assigné pour tombeau. Je veux mourir par les voies par lesquelles ils voulaient me faire périr[2]. Mais
1455 non, il est une chose au moins que je sais bien : ni maladie, ni rien d'autre ne peut me détruire : jamais je

n'aurais été sauvé du sein même de la mort, si ce n'était pour quelque formidable dénouement[1]. Que ma destinée suive son cours, où qu'il aille !

Mais il y a mes enfants... les garçons, Créon, ne te
1460 mets pas en souci pour eux. Ce sont des hommes, ils ne seront jamais à court, où qu'ils soient, pour avoir de quoi vivre. Mais mes deux pauvres petites, quelle pitié ! – jamais la table où je mangeais n'a été dressée sans qu'elles y eussent leur place auprès de moi, et je
1465 ne touchais à rien dont elles n'eussent toujours leur part... Prends soin d'elles, fais-le pour moi ! Mais avant tout laisse-moi les toucher de mes mains, et gémir sur leur misère ! *[Sur un signe de Créon, un serviteur fait entrer au fond de la scène Antigone et Ismène.]* Je t'en prie, Sire[2] ! je t'en prie, noble cœur si bien né ! En les serrant dans mes bras, je croirais les avoir encore,
1470 comme lorsque j'y voyais...

Que dis-je ? Dieux ! Oui... est-ce que je n'entends pas quelque part mes deux chéries qui sanglotent ? Créon a-t-il pris pitié de moi, m'a-t-il envoyé mes
1475 trésors chéris, mes deux petites filles ? Est-ce vrai ?

CRÉON

C'est vrai. Oui, c'est moi qui t'ai ménagé cette joie : elle est à toi, j'avais deviné que cette idée te hantait.

ŒDIPE

Ah ! béni sois-tu ! Ainsi tu les as fait venir ! Veuille le Ciel[3] t'en récompenser, en veillant sur ton destin plus favorablement que sur le mien ! *[Tâtonnant dans la*
1480 *direction de ses filles :]* Mes enfants ! où donc êtes-vous ? Venez, approchez vers mes mains, ces mains fraternelles à qui vous devez de voir en cet état les yeux dont s'éclairait autrefois le visage de votre père, de celui qui, sans rien voir et sans rien savoir, vous a
1485 fait naître (oh ! quelle révélation !) du sillon même où j'avais germé ! Sur vous aussi je pleure... ah ! je n'ai plus de regard pour vous voir, mais je songe à l'amer-

tume de la vie qu'il vous faudra vivre, telle que les
gens vous la feront désormais ! À quelles assemblées
1490 civiques[1], à quelles festivités pourrez-vous aller, sans
rentrer à la maison tout en larmes, au lieu d'assister au
spectacle ? Et quand vous serez en saison de vous
marier, quel sera donc... oui, qui voudra se risquer, mes
enfants, à prendre en charge de telles hontes ? Elles ont
1495 ravagé le destin de mes parents, elles ravageront aussi
le vôtre. Pas une horreur n'y manque... Votre père a
tué son père ; le sillon maternel d'où il était issu, il l'a
lui-même labouré, et il vous a eues de celle-là même
dont il est né. Telles sont les hontes dont on vous
1500 accablera. Qui donc, alors, vous épousera ? Personne
n'y consentira, mes enfants ! C'est trop clair : vous
dessécher et dépérir sans épousailles, voilà ce qui vous
attend.

Eh bien, Créon, vois : tu restes seul pour leur servir
1505 de père, tout est fini pour moi comme pour leur mère[2].
Ne les abandonne pas, dénuées de tout, sans mari, sans
famille, errantes[3], ne les fais pas descendre au degré de
misère où je suis ! Prends pitié d'elles, en les voyant
si jeunes, privées de tout soutien, sauf celui que tu leur
accorderas. En signe de consentement, généreux ami,
1510 touche-moi de ta main...

Et vous, mes enfants, si vous étiez déjà d'âge à
comprendre, j'aurais tant de recommandations à vous
laisser ! Pour l'instant, priez seulement le Ciel pour
obtenir, où que l'occasion vous permette de vivre, une
existence meilleure que celle du père dont vous êtes
nées[4] !

CRÉON

1515   C'est assez répandre de larmes[5] :
         allons, rentre dans le palais.

ŒDIPE

Il me faut obéir, mais c'est amer !

CRÉON

Ce qu'on fait quand il faut, c'est toujours bien.

ŒDIPE

Sais-tu quel prix je mets à mon départ ?

CRÉON

Parle, et je le saurai en t'écoutant.

ŒDIPE

Veille à ce qu'on m'emmène hors de ce sol !

CRÉON

Ce que tu demandes dépend du dieu.

ŒDIPE

Les dieux n'ont plus pour moi que haine noire[1].

CRÉON

Alors, tu pourras être vite exaucé !

ŒDIPE

Dis-tu bien vrai ?

CRÉON

1520   Je n'ai pas l'habitude
de parler contre ma pensée à la légère.

ŒDIPE

Eh bien, emmène-moi, fais-moi rentrer.

CRÉON

Eh bien, suis-moi ! mais quitte ces deux enfants.

ŒDIPE

Oh non ! pas elles ! ne me les reprends pas !

CRÉON

Ne prétends pas toujours être le maître,
car ce que ta maîtrise t'a pu valoir
ne t'aura pas suivi toute ta vie !

*[Créon guide lentement Œdipe pour le faire rentrer
au palais suivi des filles. Ils ne disparaissent
qu'au moment où s'achève le chant final.]*

CORYPHÉE

Ô habitants de Thèbes, ma patrie,
regardez tous : c'est Œdipe ; il était
1525 dans le secret de l'énigme fameuse ;
tous les pouvoirs lui étaient départis.
    Qui ne levait dans cette ville
    des yeux d'envie sur son destin[1] ?
Voyez quel tourbillon d'horrible catastrophe
    l'a englouti[2] ! Il faut donc ici-bas
attendre, pour juger, la suprême journée,
et se garder de croire au bonheur de nul homme
avant qu'il n'ait franchi le terme de sa vie
1530 sans que l'affliction l'ait saisi sous sa griffe[3] !

Notes

PROLOGUE

P. 7

1. Cadmos a fondé Thèbes, après avoir tué le dragon qui gardait la source d'Arès. Cette référence rattache la situation présente (la peste) au passé fabuleux de la ville. Dans le Prologue, Thèbes ne sera pas nommée « Thèbes » mais litt. « la demeure de Cadmos » (v. 29) ; voir « le peuple de Cadmos » (v. 144) ou « les Cadméens » (v. 1288). Seules mentions explicites de « Thèbes » : v. 153 et 1380. Le tout premier mot, « enfants », gr. *teknon*, souligne que le roi est le père des suppliants, que ces derniers soient ou non de jeunes enfants (sens de *pais* aux v. 58 et 147). Œdipe lui-même ayant tué non le dragon mais la Sphinge, il est un nouveau Cadmos, celui qui délivrera du mal. S'il vient « en personne » (v. 7, voir v. 1527), c'est tel le sauveur.

2. Litt., « assis » (*id.* au v. 13), ils font le siège du palais, à la fois pour prier devant les autels et pour obtenir qu'Œdipe apparaisse. De nouveau au v. 14, « blottis », et au v. 32, « nous nous agenouillons » : litt. dans les deux cas, « assis ». La position assise cessera en même temps que la supplication, avec les mots « levez-vous » (v. 142) et « levons-nous, mes enfants » (v. 147).

3. Ils forment comme une couronne au-dessus de chaque suppliant. Odeurs d'encens venues de la ville, bruit confus des lamentations, brouhaha de la foule assise aux marches du palais, fouillis d'arbustes formés par les rameaux rituels : beau tableau de la masse collective qu'affronte Œdipe d'entrée de jeu. (Ne pas confondre cette foule avec le chœur, qui fait son entrée v. 151.)

4. Formule de type épique plutôt qu'orgueil déplacé. Cf. *Odyssée*, IX, 19 : « C'est moi qui suis Ulysse [...], de qui le monde entier chante toutes les ruses et porte aux nues la gloire. »

5. Ou plutôt, en suivant J. Bollack : « Dans quel état d'esprit, *tropos*, êtes-vous là ? Est-ce encore de la terreur, ou êtes-vous déjà gagnés par l'affection qui nous unit, *stergô* ? » On conserve ainsi le sens habituel de *stergô*, « aimer tendrement » : amour des parents pour leurs enfants (voir

v. 1023), amour des enfants pour leurs parents, cf. p. ex. Platon, *Lois*, 754b, « dans le dénuement de l'enfance, il [l'enfant] les chérit [ses parents] et en est chéri » *(stergei té kai stergetai)*. Œdipe en appelle à l'affection mutuelle qui est entre lui le Père et ses « enfants » les citoyens de Thèbes. S'ils l'éprouvent, ils auront déjà vaincu un tant soit peu non la peste mais leur crainte de la peste (« terreur » : *deidô*, sur *deinos*, terreur sacrée devant l'apparition du divin). L'action dramatique commence donc avec ce sentiment. La peste n'est pas encore éradiquée, mais l'amour entre le Prince et son peuple marque le début de la fin.

6. Voir la pitié active d'Œdipe aux v. 669-670.

7. « Mon » pays, « tes » autels (les deux autels devant l'entrée du palais). Cela revient à délimiter un espace du culte propre à Œdipe, distinct du reste de la cité : voir v. 80.

8. Gr. *eïtheos* : adolescent, jeune homme (célibataire) ; ce mot fait couple avec *parthénos*, jeune fille. Callimaque, *Hymne à Apollon*, v. 49 « brûlé d'amour pour le jeune Admète ». Devant Œdipe et à côté du prêtre de Zeus se trouvent les autres prêtres de la ville, les jeunes enfants et les adolescents. Devant les temples de Pallas (Athéna guerrière) et d'Apollon (« Ismenos ») se sont rassemblés le « reste », c'est-à-dire les hommes en âge de porter les armes. Il s'agit probablement ici d'un autel consacré à Apollon Isménios et non du fleuve Isménos. Mais, dans la tragédie, la topographie a surtout valeur symbolique. Toute tentative d'identification précise est un peu vaine. Les reliques ou litt. « cendres » sont celles des victimes brûlées et dédiées à Apollon. À noter les prières à Athéna, de nouveau mentionnée v. 158 et v. 188.

P. 8

1. La description de la peste est aussi courte que traditionnelle. Dans Hérodote (VI, 139), on a la même triple mort : des récoltes, du bétail et des nouveau-nés (ici gr. *tokos*). Ce dernier mot a du reste, comme *teknon* au v. 1, le triple sens : fruit de la terre, des bêtes et des humains. Œdipe s'adresse à ses « enfants », le prêtre lui répond que le renouvellement des générations est menacé. Il paraît difficile de tirer argument d'un tel lieu commun pour dater la pièce de Sophocle par rapport à la peste qui frappa Athènes de son vivant, en 429 et en 427-426 (décrite dans Thucydide, II, 47 sqq).

2. Litt., « le dieu porte-feu, *pyrphoros theos* » (même adjectif v. 200 et 206). Le dieu n'est pas la peste, qui est grammaticalement une simple apposition ; il n'est pas non plus le feu. Il se concrétise sous forme de peste, et le feu est l'emblème de sa puissance de destruction.

3. Litt., « le noir Hadès » avec le double sens de *noir* et de *cruel*.

4. Litt., les « démons », gr. *daimôn*. On considère traditionnellement que ce sont des puissances intermédiaires entre les dieux, *theos* et les héros. Mais le *daimôn* est plutôt la présence d'un divin non identifié, tel le « génie » ou *daimôn* de Socrate. Voir les v. 1258, 1301 et 1329 : le *daimôn* qui fait délirer Œdipe est ensuite identifié à Apollon.

5. Litt., « la dure chanteuse » ou Sphinge, monstre féminin en grec.

6. Passage obscur et très discuté. Litt. : « les circonstances, *symphora*,

des décisions, *bouleuma* ». Ces circonstances, moi, prêtre de Zeus, je les vois, litt., « vivantes », dans toute leur force (*zôsas*, sur *zaô*). *Symphora* signifie « les malheurs, les troubles » (v. 99, 454, 515), mais aussi « les événements, le concours de circonstances ». Tout cela désigne-t-il la crise, dont la solution est imminente, pourvu qu'un Œdipe prenne des décisions ? On traduirait alors : « Pour les gens qui comme moi ont déjà vécu ce genre de situation, la crise est, je le vois, à son comble : elle est donc mûre pour une solution. Décide ! »

7. Litt. « si tu veux gouverner *(archô)* sur cette terre, comme tu en as l'autorité *(krateô)* ». *Archè* désigne l'exécutif, l'exercice du pouvoir : Œdipe est un dirigeant ou « archonte ». *Kratos* est la puissance, la souveraineté, une supériorité sans partage (cf. démo-cratie : le peuple souverain ; voir v. 1522). Si le pouvoir exécutif est donné par la cité au v. 383 (où sceptre = *archè*), il n'y a pas d'exercice du pouvoir sans *kratos*, et cette puissance disparaîtra si la cité se vide de ses habitants.

P. 9

1. Qu'une ville ne soit pas définie par ses murs mais par ses citoyens est un lieu commun de l'Antiquité : Thucydide, VII, 77, 7 ; Hérodote, VIII, 61 ; l'opposition romaine entre *urbs* (les murs) et *civitas* (les citoyens).

2. Gr. *phrontis*, effort de réflexion plutôt que souci. Le roi a cherché une solution dans une « nuit » sans sommeil, comme au tout début des *Sept contre Thèbes* d'Eschyle, v. 2-3, « celui qui, en poupe de la ville, veille à tout, tenant la barre et sans que dorment ses paupières » (trad. Grosjean) (ici, litt. : « Ah ! je ne dormais pas, vous ne m'arrachez pas au sommeil, mais »). Cette nuit ne lui a pas porté conseil, ne lui a pas donné de solution humaine à la crise. Sa réflexion a abouti à des impasses : d'où les « pleurs » versés sur l'impuissance de ses moyens intellectuels, d'où aussi la nécessité d'interroger un dieu, Apollon. Autrement dit, Œdipe est déjà en retrait par rapport à sa capacité à deviner les énigmes par ses propres moyens : la révélation ne viendra pas d'un homme (cf. v. 43). C'est une première défaite du héros et de son sens politique, un premier pas dans l'engrenage du « divin ». Voir v. 170-171.

3. Dont l'oracle se trouve à Delphes, à quelque 90 km de Thèbes.

4. C'est-à-dire : « Tu parles fort à propos. » Le prêtre commente les paroles d'Œdipe pour elles-mêmes, et le félicite d'avoir agi et parlé en roi. Ce n'est pas l'arrivée de Créon qui donne de la valeur au discours d'Œdipe.

5. Litt. : « ...le salut, et avoir le visage rayonnant. » À ce moment précis, Œdipe ne regarde pas Créon, puisqu'il implore Apollon, les yeux tournés vers l'autel du dieu. La première pensée du roi va au dieu qu'il a fait consulter, non à celui qu'il a envoyé. C'est le prêtre qui regarde Créon et en déchiffre les apparences. Le roi est ainsi, comme on l'a vu au v. 14, plus proche du divin, dans un monde hors du commun.

P. 10

1. La couronne que porte un messager est le signe d'une bonne nouvelle ;

ici, en laurier, l'arbre d'Apollon. Créon arrive par l'accès de gauche, qui représente le monde extérieur.

2. Un oracle n'était pas nécessairement divulgué à tous : voir la question du messager au v. 993.

3. Gr. *emphanôs* (même mot au v. 534 : « sûr et certain » ; sur *phainô*, apparaître ; v. 132 *phanô*, « j'éclaircirai »). J. Bollack traduit « avec éclat » : éclat d'une apparition divine plutôt que d'une évidence. On peut considérer, avec lui et d'autres commentateurs, que le texte de l'oracle s'arrête à « incurable » au v. 98 plutôt qu'ici au v. 101. C'est Créon qui identifie la souillure en nommant au v. 103 le meurtre de Laïos. Ce serait aussi lui qui déduit les deux moyens pour purifier la souillure, aux v. 100-101. C'est donc lui qui « clarifie » l'oracle, lequel ne désigne personne et reste par là obscur ou « Loxias » (voir le v. 279 : c'était à Apollon de nommer le coupable).

4. Le pays ou *chôra* est le territoire national, avec ses frontières politiques ; le sol ou *chthôn* est le territoire physique, qui nourrit la souillure, proprement « autochtone ».

P. 11

1. Gr. *miasma*, souillure provenant d'un meurtre, et qui appelle automatiquement une purification ou *katharmos*, mot à rapprocher de la fameuse *katharsis* de la *Poétique* d'Aristote, qui purge le spectateur par la terreur et la pitié. *Katharmos* se traduit aussi par « victime expiatoire », bête ou homme que l'on sacrifie pour sauver le pays (par ex. Hérodote, VII, 197). Le mot de « miasme » marque une progression par rapport à la simple « peste » des v. 22-30 : le fléau est maintenant dit une malédiction, et la solution d'une victime est tout indiquée.

2. Litt. : « Par quelle purification, *katharmos* ? De quelle sorte de malheur souffrons-nous, *tropos tès symphoras* ? » *Symphora* (v. 44) : la crise, le trouble que traverse la cité. Œdipe demande, me semble-t-il, quelle sorte de crise et, par voie de conséquence, quelle est la sorte de *katharmos* à appliquer.

3. Créon déduit les deux possibilités juridiques pour « payer » le meurtre, c'est-à-dire le venger – le vocabulaire du paiement est classique pour parler de la vengeance.

P. 12

1. Le grec *theôros*, mis en valeur au début du vers, signifie au propre « celui qui regarde », sur *oraô*, voir ; d'où « spectateur » ou « touriste » ; d'où : député envoyé assister aux jeux Olympiques, ou consulter un oracle (*Œdipe à Colone*, v. 413), ou encore déposer des offrandes. Pour privilégier « consulter un oracle », la tradition s'appuie sur des éléments extérieurs : le fait que Laïos rencontre Œdipe qui revenait de Delphes (v. 734) ; le récit de Jocaste au début des *Phéniciennes* d'Euripide (v. 36, Laïos « se rend au temple de Phoibos » en même temps qu'Œdipe). Mais il me semble que l'important est ici le vague : parti pour « affaires », en « mis-

sion ». Laïos avait une raison impérieuse d'aller faire un petit voyage ; où, peu importe. L'essentiel était de fuir Thèbes.

2. Litt., « pas une seule force *(rômè)* » mais « une multitude *(plèthos)* de mains ». *Plèthos* désigne à la fois « le grand nombre » et « la foule » : *ta plèthè*, « les masses populaires », *to plèthos*, « la population », cf. fr. « pléthore ». Voir les v. 541-542.

P. 13

1. Litt. : « ce brigand ». Si Œdipe passe au singulier, ce n'est pas qu'il ne croit pas qu'il y ait eu foule ; ce n'est pas nécessairement, de la part de Sophocle, une façon de préparer la révélation de la « vérité » du meurtre par le seul Œdipe. Le singulier souligne que le roi procède à une lecture politique du meurtre. La foule avait un chef, lui-même payé pour tuer. Derrière le chef des bandits, Œdipe recherche l'instigateur du meurtre, et soupçonne que celui-ci se trouve à Thèbes même.

2. Litt. : « Une fois Laïos mort, personne n'est devenu son défenseur, *arôgos*. » Le mot désigne celui qui vient en aide dans un combat, militaire ou juridique (voir v. 135, 245 et 274, où *sym-machos* est un synonyme d'*arôgos*, et v. 265, *hypermachomai*, « je mènerai un bon combat »). Personne ne s'est donc juridiquement constitué pour être le vengeur du mort (« venger » v. 136 et 140). Laïos n'a pas eu la chance du roi Agamemnon qui, assassiné par sa femme, a vu Oreste le venger, se faire précisément son *« arôgos »* (le mot est dans Eschyle, *Électre*, v. 1392). Beau-frère du mort, Créon n'aurait-il pas dû se constituer en vengeur ? À défaut de vengeance et de notre dépôt de plainte, il semble qu'il y ait eu enquête, on a en tout cas recueilli le témoignage du pâtre. Certes, Œdipe trouvera que l'enquête n'a pas été poussée assez loin (*exereunaô*, v. 258 ; *ereunaô*, au v. 566). Au v. 132, Œdipe rouvre le dossier insuffisamment instruit, parce qu'il se constitue, lui, en vengeur de Laïos. Il épouse sa cause tout comme Oreste avait épousé celle de son père. Le problème est que, du coup, avec un tel engagement personnel, l'enquête a de plus fortes chances d'aboutir.

3. Litt. : « je disperserai la souillure, *mysos* ». *Mysos* désigne le meurtre d'Agamemnon dans les *Choéphores* d'Eschyle, v. 651. Le raisonnement d'Œdipe selon lequel on fait le coup pourraient se retourner contre lui n'a rien de paranoïaque. C'est, comme aux v. 124-126, la même intuition politique, fort raisonnable. Le roi est une cible privilégiée, le complot qui a eu raison de Laïos peut se poursuivre. C'est vengeance contre vengeance (« m'inflige » ou, litt. : « se venger de moi »).

P. 14

1. Litt., « le peuple, *laos*, de Cadmos ». Il va être représenté par le chœur, qui fait aussitôt après son entrée, et qui restera présent dans l'*orchestra*, ou parterre, jusqu'à la fin de la pièce. Ce « peuple » ne semble pas devoir être confondu avec celui qui prie devant les temples de Pallas, au v. 20 (où « peuple » traduit *phylon*, la race). Œdipe convoque ceux que l'on n'a pas encore vus : les Grands du royaume, la haute aristocratie. Cette assemblée,

ce corps constitué tient le milieu entre Assemblée du Peuple (v. 512, « Citoyens ») et Conseil d'État voire de régence (v. 911, « Seigneurs »).

2. Gr. *sôtér'* même formule dans *Philoctète* (737, 1471) ; « fléau » traduit *nosos*, litt. « la maladie ». Le dieu sauve comme un médecin. L'expression est constamment reprise par le chœur dans la parodos.

PARODOS

P. 15

1. Dont Apollon est l'interprète (tous les oracles sont inspirés par Zeus). Le chant du chœur est une prière aux dieux (v. 216 : « Voilà prier ») pour qu'ils les délivrent du mal et de la destruction. Le style poétique s'appuie entre autres sur l'emploi de formules rituelles, frappées dans cette langue sacrée qu'est originellement le vers.

2. Sans *s* pour obtenir un octosyllabe. C'est la première fois que la ville est nommée explicitement (voir v. 1). Rappelons que les numéros en marge renvoient aux vers grecs, non aux vers français de la traduction.

3. Litt., « Paian », dieu guérisseur identifié à Apollon (voir *nosos* au v. 150). Le chœur est saisi par l'ambivalence du dieu, à la fois redoutable et guérisseur. « Dette » est la traduction litt. de *chreos*. Le sang versé appelle un autre sang (v. 100, « tête pour tête »), et de même la vengeance annoncée par Œdipe est un paiement.

4. Litt., « le trône *(thronos)* circulaire de la place *(agora)* ». On peut imaginer un édifice de forme ronde consacré à Artémis sur l'agora de Thèbes, ou comprendre que le « trône » est la place elle-même, de forme ronde, qui offre à la déesse son siège. C'est l'image d'une assemblée s'organisant autour de son centre, et faisant le cercle autour de son dieu.

5. Litt., « vous trois, *trissoi* ». La traduction est sensible au remploi de ce mot dans le grec des Pères de l'Église pour désigner la Trinité chrétienne. Les trois divinités étaient naturellement associées, Apollon et Artémis sont frère et sœur, nés de Zeus et de Létô dans l'île de Délos. Le « premier fléau » est la Sphinge.

P. 16

1. Litt., « la maladie », gr. le verbe *noseô*, comme *nosos* au v. 150. « Peuple » : litt. « ma troupe, *stolos* », litt. : l'expédition militaire, sur mer ou sur terre. On peut être tenté de donner à *stolos* le sens d'« équipage », comme le fait J. Bollack, pour reprendre la comparaison de la Cité avec un navire (v. 22, 25, 56) mais le sens de « population » est bien attesté. Cf. par ex. Eschyle, *Euménides*, v. 1027. Sophocle, *Les Trachiniennes*, 496, *syn pollô stolô*, « avec un pareil cortège ». « Esprits » : litt. « mon esprit », gr. *phrontis*, la réflexion ; c'est le mot employé par Œdipe au v. 69 lorsqu'il explique qu'il n'a pas trouvé de solution. « Recours » : le verbe grec, *alexô*, est le même que le préfixe du mot *alexi-moroi* au v. 165 (*alexi-* : « Détournez », *-moroi* : « les destins »). L'invocation aux trois dieux qui peuvent détourner le destin a pour pendant immédiat la reconnaissance par

le chœur de son incapacité à détourner lui-même le mauvais sort ou *moros*. Tout ce début de la strophe II résume la situation où se trouve la cité : une maladie universelle, et pas de chef qui puisse découvrir un secours par sa propre réflexion ou *phrontis*. D'où, comme aux v. 67-72, la nécessité de prier les dieux, ultime recours en l'absence de sauveur humain.

2. On a discuté sur le sens de ce passage. La traduction donnée par Paul Mazon : « et d'heureuses naissances ne couronnent plus le travail qui arrache des cris aux femmes » ne contredit pas celle de V.-H. Debidour, mais laisse subsister le doute : les femmes sont-elles frappées de stérilité ou accouchent-elles d'enfants mort-nés ?

3. Le « souffle » n'est pas au texte. Les mourants « se précipitent plus fort que l'incendie invincible vers les rivages lointains du dieu qui règne au couchant ». Le dieu est Hadès, dieu de l'Enfer, dont le royaume est aux confins de l'ouest. L'incendie rappelle « la flamme ardente » du v. 166.

4. Litt., « aux rivages des autels ». L'antistrophe II répond à la strophe II, presque mot pour mot. Dans la strophe, les mourants sont partis « l'un après l'autre, *allon d'an allô* » jusqu'aux rivages d'Hadès *(aktan pros hysperon theon)*. Dans l'antistrophe, les épouses et les mères qui pleurent les hommes morts hurlent « d'un côté, de l'autre, *allothen allai* ». Le parallélisme souligne la totalité des morts d'un côté, « comme un vol d'oiseaux », de l'autre la totalité des femmes dans leur rôle traditionnel de pleureuses et de suppliantes. Il y a dans la strophe une sorte « d'expédition vers l'Ouest dont personne ne revient » (J. Bollack). Le parallélisme oblige à souligner le remploi du même mot, *aktan*, ici comme au v. 177 (« bords » : rivages), d'où sans doute un emploi métaphorique. Les femmes vont, elles, vers d'autres rivages que les hommes : vers un autre dieu qu'Hadès. La « fille d'or de Zeus », Athéna, déjà invoquée au v. 21, est l'antistrophe du dieu des morts, son répondant (« vierge » n'est pas au texte).

P. 17

1. Litt., « Arès », dieu de la guerre et de la destruction sauvages, le dieu Mars des Romains ; Athéna étant au contraire la guerre intelligente, qui a pour but la pacification. Le « feu » d'Arès ne peut être vaincu que par le feu supérieur de Zeus, maître des « pyrphoros » (voir le « dieu porte-feu » au v. 27). Reste à convaincre Zeus d'envoyer sa foudre. Il faut lui montrer que la force de destruction qui est à l'œuvre menace l'empire même des dieux de l'Olympe. Zeus doit intervenir pour que tout rentre dans l'ordre, sinon la destruction envahira tout.

2. L'interprétation traditionnelle est « tueur de loup, *lykos* » ; elle est discutée.

3. Cette dernière invocation fait pendant à la première, à Athéna, au début de l'antistrophe I. Elle éclaire le mouvement d'ensemble. Le chœur invoquait une première triade sinon trinité : Athéna, Artémis et Apollon. Il invoque maintenant une autre triade, plus « orientale » : Apollon, Artémis et Bacchus. Car celui qu'il faut combattre a désormais été nommé : Arès le Tueur. Athéna, elle, est hors combat, vierge et pure. Feu contre feu. Il y faut Zeus et ses éclairs, Apollon et ses flèches, Artémis et ses flambeaux, Bacchus et ses Ménades ou Bacchantes (« son cortège en délire », litt. :

« lui qui conduit seul les Ménades »). À chaque fois un dieu escorté par un pluriel, par une foule. Les Bacchantes disent assez qu'on en appelle à une foule en délire, pour combattre le délire de la destruction. La danse du chœur s'achève clairement sur l'appel à une bacchanale, à laquelle il ne reste plus qu'à trouver une victime, tel Penthée victime de Dionysos dans les *Bacchantes* d'Euripide. Ainsi l'auteur rend-il hommage au dieu en l'honneur duquel la représentation théâtrale est donnée.

PREMIER ÉPISODE

P. 19

1. Trois cas juridiques sont envisagés par Œdipe (voir Démosthène, *Loi de Leptine*, § 158). Ou bien l'auto-dénonciation, qui permet de lever l'accusation. Ou bien, à l'autre extrême, le meurtrier est un étranger qui réside à Thèbes, litt. il est « d'une autre terre, *chthon* ». En ce cas, il échappe à la juridiction du roi ; celui-ci menace seulement les Thébains qui ne le dénonceraient pas, probablement parce que liés à lui – recel d'information, voire complicité dans le meurtre. Le troisième cas, intermédiaire, est le plus probable et aussi le pire parce que le plus dangereux politiquement. Le meurtrier est un Thébain, qu'on ne dénoncera pas par « amitié », ici *philos*, c'est-à-dire parce qu'on est lié à lui par les liens de la *philia*, relation obligatoire de solidarité entre proches parents, voire entre voisins ou partenaires commerciaux (voir la note au v. 862). On a ici la même problématique que dans *Antigone* : la *philia* contre l'État en danger, les relations de parentèle ou de proximité contre l'ordre édicté par la loi. C'est à ce troisième cas que s'applique l'anathème, qui vise donc un meurtrier autochtone et protégé par la complicité de ses proches.

P. 20

1. Sur la possibilité d'interpréter (J. Bollack) « je lui interdis de recevoir ou d'adresser la parole à qui que ce soit », et ainsi de suite, voir la note au v. 352 qui souligne les difficultés présentées par cette interprétation. La solution retenue par V.-H. Debidour comme par Louis Roussel et Paul Mazon s'appuie d'ailleurs sur de nombreux exemples : *Antigone* 27-29, 203-204 et aussi Eschyle, *Prométhée*, 930.

2. Trad. de *symmachos* (voir v. 135) synonyme d'*arôgos* au v. 127.

3. Litt. : « même si l'affaire *(pragma)* n'avait pas été conduite par un dieu... » Il s'agit d'un irréel situé logiquement dans le passé. Le mot *pragma* (l'affaire) désigne donc, selon toute vraisemblance, l'événement qui se produisit alors et non l'enquête présente, comme le souligne L. Roussel dans son commentaire (p. 74). « Excellent » : ou plutôt « éminent », gr. *aristos*, cf. « aristo-crate ». Cela vise, plutôt que les qualités morale et personnelle de Laïos, sa qualité sociale. « Les recherches » : gr. *exeuranaô* (voir la note au v. 127). L'idée générale est claire : il fallait enquêter par respect pour la royauté même si les dieux ne s'en occupaient pas.

4. Litt. : « une femme de même semence, *homosporos* », et aussi « qui

reçoit ma semence comme elle a reçu celle de Laïos ». L'adjectif est repris au v. 460, avec une valeur active (« il a ensemencé le même sillon que son père »). Ces deux sens sont propres à *Œdipe Roi*, et si l'on ose dire engendrés par la pièce ; le sens habituel est « né de la même semence ».

5. Gr. *tychè*, le sort, la Fortune (la *Fortuna* latine ; voir v. 1036). L'oracle avait prédit à Laïos ou qu'il n'aurait pas d'enfant, ou que celui-ci le tuerait.

6. Avant de voir là une anticipation de la « vérité », il faut comprendre la logique de la vengeance. Laïos sans fils n'a pu être vengé comme Agamemnon l'a été par son fils Oreste. Œdipe se propose pour hériter de la vengeance : « Je mènerai un bon combat, *hypermachomal* », voir *symmachos* et *arôgos* au v. 127. Comme la vengeance est fondamentalement l'affaire de la proche famille, Œdipe avance des motifs qui l'assimilent presque légalement à un fils, adoptif et non putatif : mêmes pouvoirs, même épouse, et par-là des fils communs, à supposer que Laïos en ait eu auparavant. Ce dernier argument, s'il renforce la communauté de sentiments, détruit la logique elle-même, puisque le ou les fils du défunt roi n'auraient précisément pas pu se dérober au devoir de vengeance. Le tiret signale la rupture de construction de la longue phrase qui va de « A présent » jusqu'à « dynastie ».

7. Litt. : « pour le fils de Labdacos, fils de Polydore et avant lui de Cadmos, et d'Agénor plus loin encore ». Cadmos est le héros fondateur de Thèbes (v. 1) ; Agénor est mythiquement à l'origine de la dynastie, plus proche encore des dieux puisque fils de Poséidon. L'énumération, en invoquant les esprits vengeurs de la famille, conclut le mouvement par lequel Œdipe se déclare fils adoptif de toute la lignée.

8. « vous autres » *(hymin dé)* s'oppose à « ceux qui me désobéiraient » (v. 269). « La Justice notre alliée » *(Symmachos*, v. 127) personnification fréquente chez Sophocle, par ex. *Électre* (v. 476).

P. 21

1. La triple répétition du mot « sire, *anax* », est au texte, avec même « *anakt' anakti* ». Le devin est comme le « vice-roi » (J. Bollack) du dieu, il est un prince au service d'un plus grand prince. La supériorité d'Œdipe est ainsi largement contre-balancée par celle du dieu flanqué de son vassal.

2. Cela paraît conforme au v. 555 et à la collusion entre Créon et Tirésias, mais fait tout de même problème. Il faut en effet supposer que Créon et Œdipe se sont parlé en dehors de la scène, après l'annonce de l'oracle par Créon.

P. 22

1. Litt. : « des gens sur la route, des voyageurs ». Atténuation sensible par rapport aux « brigands » des v. 122 et 716.

P. 23

1. On peut également comprendre, d'après certains manuscrits : « ce que tu sais, toi, sans avoir besoin de messagers ». Œdipe peut en effet supposer que Tirésias connaît l'oracle de toute façon. La reproduction pleine et

solennelle du message n'est plus alors une information mais une proclamation royale.

2. Gr. *athymos*, manque de *thymos*, de courage ou « cœur » au sens du français du XVIIᵉ siècle (mot repris au v. 915). Tirésias mesure précisément le péril qui le menace dans cette scène : être désigné, lui l'aveugle, comme la victime expiatoire. Les vers suivants se répondent par courtes répliques cinglantes et parallèles, du tac au tac, deux vers après deux vers, ou parfois un après un. C'est ce qu'on appelle la stichomythie.

P. 24

1. Le mot traduit, comme au v. 316, le verbe *phroneô*, « savoir, réfléchir », mais aussi « être dans son bon sens » (proche de *phrontis* vu au v. 67). Il est repris par Tirésias au vers suivant, du tac au tac : « vous êtes dans la nuit », qui traduit *ou phroneite*. Traduction de L. Roussel : « C'est que tous vous manquez de sagesse » ; de J. Bollack : « Si tu n'es pas fou, ne te dérobe pas. – C'est vous qui êtes tous fous. »

2. Litt. : « le plus mauvais des mauvais, *kakôn kakiste* », formule qui rappelle la malédiction contre le meurtrier au v. 248, en tête de vers : *kakon kakôs*. Œdipe s'emporte jusqu'à exclure Tirésias, qui va se défendre en l'excluant à son tour. Au v. 521, c'est Créon qui se défendra d'être exclu, d'être « *kakos* ».

3. Gr. *orgè*. La traduction souligne le lien étymologique avec *orgaô*, « être gonflé de sève », l'humeur étant un liquide (cf. le fr. *orgasme*, litt. : « accès de colère »). Comprendre : mauvaise humeur, colère qui vous gonfle, et lier avec « tu révolterais » du v. 335 *(organeias)* et du v. 339 *(orgizoito)*, ainsi que « rage » et « fureur » des v. 344, 364 *(orgè, orgize)*. Tirésias ne reste certainement pas de sang-froid. C'est colère contre colère, comme le dira le chœur (v. 405), l'une nourrissant l'autre par la dynamique des réponses du tac au tac.

P. 25

1. Au v. 125 Œdipe recherchait déjà, derrière les meurtriers, celui qui avait commandé le meurtre.

2. Le mouvement naturel du texte serait plutôt : « Que tu ne parles plus ni à eux [le chœur] ni à moi, *prosaudan mète tousde mèt'eme*. » La traduction Debidour, traditionnelle, est cohérente avec sa lecture des v. 236-243, ainsi qu'avec les v. 817-820 et 1381. Ce passage-ci paraît pourtant justifier Bollack de comprendre à chaque fois que le texte de la proclamation impose au meurtrier de ne pas s'approcher des autres, et non aux autres de ne pas s'approcher de lui (voir aussi la note au v. 862, et le v. 1290). La construction syntaxique l'y autorise : avec à chaque fois le double accusatif dans une infinitive, c'est au traducteur de décider quel est l'accusatif en position de sujet. Sur cette ambivalence, voir ma Postface. Aux v. 236-243, l'auto-exclusion que suppose J. Bollack fait problème, non seulement par rapport aux témoignages rapportés en note (p. 20, n. 1), mais aussi parce qu'elle correspond alors à une dénonciation spontanée, premier des trois cas qu'envisageait Œdipe.

P. 26

1. Trad. litt. de *to rhèma*. Le verbe qui le précède au vers 354 –*exèkinèsas* – signifie ailleurs chez Sophocle « lever un gibier » (*Électre*, 567). D'où la traduction « tu as débusqué ».

P. 27

1. Litt. : « Oui, si la force, *sthenos*, du vrai existe » ; de même dans la réponse d'Œdipe : « Pour toi, cette force n'existe pas. »

2. Litt., « aveugle des oreilles, de l'esprit et des yeux ».

P. 28

1. On trouve une formulation et une construction analogues au v. 713 : « Son destin devait être de périr de la main d'un enfant. »

2. Gr. *phthonos*, « envier » : gr. *zèlos*. Le « zèle » ou *zèlos* est la face positive de l'envie, c'est la rivalité, l'émulation ; la jalousie ou *phthonos* est la face négative du même phénomène (trad. Grosjean : « Combien, en nous faisant une vie enviable, vous nous réservez de jalousie ! »). L'exemple du rival envieux est ici Créon, dont l'attitude ne fait que confirmer la règle posée d'abord en termes généraux. On peut alors expliciter au v. 380 le « savoir qui a su l'emporter sur le savoir », *technè technès* (même expression dans *Philoctète*, 138). Œdipe est envié pour une triple supériorité : l'argent, le pouvoir, le savoir. *Technè* désigne la technique, l'art au sens latin de ce terme *(ars)*. Il est fait allusion ici à l'intelligence d'Œdipe face à l'énigme de la Sphinge. Tirésias a bien une *technè* (traduit par « art » aux v. 357 et 389), mais inférieure à celle d'Œdipe.

3. Litt., la chienne chanteuse, cf. le v. 36.

P. 29

1. Les deux moyens évoqués aux v. 310-311.

2. Litt., « moi qui ne sais rien, Œdipe, *mèden eidôs Oidipous* ». On a vu un effet étymologique dans *eidôs/Oidi*, d'où ici « Œdipe la dupe ». Ne sachant rien, Œdipe en sait plus que l'homme de l'art attitré, Tirésias.

3. Le verbe utilisé renvoie à la fonction de *parastatès*, conseiller du Prince.

4. Gr. *orgè*, voir la note au v. 337. L'intervention du chœur marque à la fois une pause et un tournant. En ne prenant parti ni pour l'un ni pour l'autre, le chœur souligne qu'il y a pour ainsi dire à ses yeux match nul dans l'échange des accusations. Cette situation d'égalité va forcer immédiatement Tirésias à en rajouter et à en venir à parler de parricide et d'inceste. Surenchères dans l'injure, pour faire pencher le chœur du côté de Tirésias, contre Œdipe.

5. Litt. : « Je ne suis pas ton esclave, *doulos*, mais celui de Loxias (surnom d'Apollon : l'Oblique, l'Ambigu) ». « Patronage » : litt. « Je n'aurai pas à m'inscrire avec Créon comme protecteur » ou « sur la liste des clients de Créon ». *Prostatès*, allusion à la loi athénienne qui obligeait les étrangers

à s'inscrire sous le nom d'un protecteur, d'un « patron » au sens romain du terme.

6. Litt., « l'ennemi de tes parents », avec le gr. *echthros*, contraire de *philos*, « proche parent » (voir note au v. 224), alors même qu'Œdipe se déclarait précisément, aux v. 259-268, comme le fils adoptif de Laïos.

7. Litt., « de quel Cithéron », la montagne où le fils de Laïos aurait été déposé par le valet (v. 1026) et qui marquait la frontière entre la Béotie (avec Thèbes pour capitale), l'Attique (capitale : Athènes) et le pays de Corinthe. Dans la bouche de Tirésias, cela revient à renvoyer Œdipe hors du pays en le reconduisant aux frontières, sans qu'il soit besoin de supposer une anticipation de la « découverte » de l'enfant par le Corinthien.

8. Litt., « tu auras reconnu le chant nuptial », gr. *hymenaios*, l'hyménée. C'est ce chant lui-même qui est dit, par simple apposition, être « les brisants ». L'abondance des images signe un style prophétique, avec un sens général clair : de l'excès de chance et de bonheur à un excès de malheur. Bollack rapproche de l'*Agamemnon* d'Eschyle, v. 707 sq, antistrophe I : Troie apprend à chanter un autre hymne, de mort et de destruction, pour prix du chant nuptial chanté au mariage de la belle Hélène.

P. 30

1. Litt., « la foule, *plèthos* [v. 123], de malheurs qui t'égaleront à toi-même et toi à tes enfants. »

P. 31

1. Litt. « tu es le meilleur », au gr. *aristos*. Rappel des v. 397-398. Le jeu éclaircir/éclairer reprend celui du texte, qui joue sur *heuriskô*. C'est le principe même de la stichomythie.

P. 32

1. Gr. *metoikos*, « résident », étranger qui vient s'établir dans un autre pays, d'où le fr. « métèque ». Le mot grec, terme juridique, n'a pas nécessairement de charge injurieuse. Tirésias, ici, proclame plutôt qu'il n'injurie, et il le fait rappelant et à la fois en dépassant la deuxième des possibilités évoquées par la proclamation d'Œdipe, aux v. 230-231 : un étranger avec des relations de proximité ou *philia* parmi les Thébains.

2. Gr. *symphora*, à la fois événement et malheur (voir v. 44).

PREMIER STASIMON

P. 33

1. Le rôle dans la progression dramatique est clair. La strophe et l'antistrophe I proclament la chasse à l'homme : haro sur la victime. Mais la strophe et l'antistrophe II marquent un recul, le chœur hésite à identifier la victime avec Œdipe, faute de motif à attribuer au meurtre du roi défunt par le roi actuel, par peur aussi de s'engager dans cette lutte entre rois. La

dénégation de la fin de la strophe II montre qu'il penche contre Œdipe, mais dans l'antistrophe II, qui « répond » à la strophe, il proclame au contraire sa fidélité.

2. Litt., « l'innommable des innommables, *arrèt'arrètôn* » (*arrètos* : « ce qu'on ne peut ou ne doit pas dire »).

3. Trad. litt., l'adjectif *aellados* étant formé sur *aella*, la tempête, l'ouragan. On peut comprendre platement que les chevaux courent aussi vite que l'orage, mais il est peut-être plus poétique d'être sensible au pluriel du texte. Il faut fuir plus vite que la foule en furie qui vous poursuit. Le fils de Zeus, Apollon, et les Destinées (litt. les *Kères*, divinités de la mort) poursuivent le criminel en troupe et en armes (au gr. *enoplos*), comme plus haut, p. 17, les dieux également armés et avec leur suite. Il y a assurément de l'orage dans l'air, le tourbillon d'un hallali : rapprocher *aella* de *thuella*, qui a le même sens et qui vient du verbe *thuô*, lequel signifie à la fois sacrifier une victime et se précipiter avec fureur comme l'ouragan. Le mot *aella*, au sens là encore métaphorique, se retrouve du reste à la fin du troisième stasimon des *Bacchantes* d'Euripide, « Heureux qui peut échapper aux orages », heureux en effet car c'est le même mouvement de chasse à l'homme qu'ici : « Le chasseur à grands cris précipite ses chiens [...] le faon poursuivi bondit vers la plaine, heureux d'être à l'abri des hommes [...]. Y a-t-il une autre sagesse, et les dieux aux mortels ont-ils rien accordé de plus beau que de pouvoir écraser de la main la tête de son ennemi ? »

4. Litt., « qui ne manquent pas leur coup » (la victime ne saurait échapper).

5. Litt., « comme un taureau ». « Fauve » rend compte de l'inhumanité de l'animal et de sa carrure hors du commun : c'est un peu la chasse au monstre, comme ce loup exceptionnel que traquent chez Giono les villageois d'*Un roi sans divertissement*. Mais le taureau est par excellence dans l'Antiquité l'animal que l'on sacrifie sur les autels. *Voir* dans l'*Agamemnon* d'Eschyle (v. 1125-1128) le délire prophétique de Cassandre, où Agamemnon est « le taureau à cornes noires ».

6. Litt., « le nombril de la terre », c'est-à-dire le fameux *omphalos*, « nombril » ou centre du monde que les Grecs situaient à Delphes.

7. Litt., « Vivant à jamais ils volent autour de lui ». L'image de l'essaim, sans être au texte, est motivée aux yeux de Debidour par la présence du taureau ainsi que par le souvenir du mythe d'Io transformée, elle, en génisse, et tourmentée par un essaim de taons (voir n. 1, p. 89).

P. 34

1. Œdipe, officiellement fils de Polybe qui est roi de Corinthe, contre les fils de Labdacos (dont Laïos).

2. Gr. *epikouros* : « celui qui vient au secours ». Le mot désigne des troupes auxiliaires, alors que *symmachos* vu au v. 135 désigne les troupes alliées : le chœur n'est pas un vengeur de même rang, il se présente plutôt comme un renfort.

3. La Sphinge.

Deuxième épisode

P. 35

1. Litt. « si je suis appelé mauvais, *kakos* ». Cf. le v. 334. Créon craint de subir la mort sociale, l'exclusion radicale de la cité.

P. 36

1. Mot à mot : « Tu es l'assassin de cet homme. » J. Bollack comprend « Tu es son assassin. » Mais le démonstratif « cet » désigne souvent dans la tragédie celui qui parle (cf., par ex., dans *Œdipe Roi* v. 815 et 1018). Le « coin ou bois » transpose le mot gr. *lèstès*, « brigand » (v. 535) qu'avait utilisé Créon pour désigner les assassins du roi au v. 122.

2. Le parallélisme de l'expression amène à comprendre que ce sont les proches, les amis qui fournissent des moyens, de l'argent. (La correction du premier *plèthos* en *ploutos*, « la richesse » ne s'impose pas : elle n'est pas dans les manuscrits.) *Plèthos*, comme *lèstè*, a été utilisé par Créon au v. 123. Ces rapprochements montrent combien Œdipe repère derrière le meurtre collectif les éléments d'une prise du pouvoir.

P. 41

1. Gr. *archô* vu au v. 54. Même mot plus bas, v. 593, traduit par « pouvoir ».

2. Litt. : « Un esprit qui pense bien *(kalôs)* ne peut pas devenir méchant *(kakos)* », trad. Grosjean : « Le bon sens ne saurait devenir insensé. » Créon se vante de savoir rester dans un second rôle, sa sagesse et son bon sens soulignent qu'il n'est pas comme les rois un homme hors du commun, toujours menacé d'être renversé. Dans l'*Hippolyte* d'Euripide, Hippolyte tient le même langage à Thésée qui l'accuse d'avoir voulu prendre son trône (v. 1012-1019). Par là, Créon se défend du défaut d'*hybris*, cette démesure insolente, cette supériorité intolérable qui fait sortir du commun des mortels et qui vous désigne à la vindicte publique, puisqu'il faut couper la tête qui dépasse (par ex. Eschyle, *Agamemnon*, 1612-1616, l'insolence dans le meurtre attirera la lapidation, juste vengeance du peuple ; Aristote, *Rhétorique*, II, 18, 1385b : on n'a pas pitié de « ceux qui se croient au comble du bonheur, *hypereudaimoneô*, au contraire ils blessent par leur arrogance, *hybrizô* » ; voir note au v. 872). En se montrant sans *hybris*, Créon affirme qu'il n'est pas la victime idéale. Et, en filigrane, il laisse entendre que le roi, lui, est bien placé pour être cette victime, menacé qu'il est par l'*hybris*. L'affirmation répétée par Œdipe de sa supériorité le piège, par contraste avec la médiocrité où se cantonne prudemment Créon.

3. Gr. *teratoskopos*, « qui observe les prodiges » (Tirésias, même aveugle, peut « voir » les entrailles et le vol des oiseaux).

P. 42

1. Debidour suit la tradition de lecture qui est gênée de mettre le verbe *phtoneô* (l'envie) dans la bouche de Créon. Cette lecture est conforme avec

les v. 381-382, où Œdipe nomme *phtonos* la haine envieuse qu'a suscitée sa réussite (au v. 673 en revanche, « haineux » traduit le grec *stygnos*). Suivant une autre tradition le vers 624 a été attribué à Créon. On obtient alors :

> Œdipe – C'est ta mort, non ton exil que je veux.
> Créon – Quand tu m'auras montré pourquoi ta haine.
> Œdipe – Tu ne veux pas céder, pas obéir ?
> Créon – Tu n'as pas ton bon sens, je le vois.

P. 43

1. Litt. : « Il faut quand même un gouvernement. – Non, si le gouvernant est mauvais, *kakôs archontos* » (sur « archonte », voir la note au v. 55).

P. 44

1. Le mot n'est pas au texte. Litt. : « Ne grossissez pas un rien en une grande douleur, *algos* », ou autrement (Roussel) : « ne point faire d'un rien un douloureux incident ».

2. D'ici jusqu'au v. 696, on a un *« kommos »*, moment marqué d'émotion. Le mot vient du verbe *koptô*, « frapper », et désigne au départ les coups dont on se frappe la poitrine en signe de deuil : on pourrait donc traduire par « lamentations ». Mais sur quoi se lamente le chœur ? Ses paroles reprennent l'état d'indécision où il se trouvait déjà dans le premier stasimon, pp. 33-34, ne pouvant prendre parti entre Tirésias et Œdipe. De même, on le voit ici défendre d'abord Créon, puis jurer fidélité au roi. Autrement dit, le chœur n'arrive pas à désigner de victime expiatoire. D'où les lamentations, puisque l'absence de victime signifie la continuation de la peste.

P. 45

1. L'admirable ici est que le roi lui-même se désigne comme victime. Le chœur n'a rien déduit de tel, il s'est contenté de souligner que Créon ne peut l'être. Les rôles du tout début de la pièce sont ainsi respectés. Au chœur la passivité des suppliants, au roi l'action qui fera sortir de l'indécision.

P. 46

1. Litt. : « Je suis touché de pitié, *epoikteirô*, par ton appel qui inspire la pitié [*eleeinos*, en rejet au début du v. 672]. » Cette apparente redondance est capitale ; elle est soulignée dans la traduction par le rajout du mot « peuple ». Le *kommos*, chant de deuil et de lamentations, a une terrible efficacité, puisque le roi accepte de mourir, de se dévouer. Le roi se sacrifie pour le pays, il accepte d'être la victime que l'on cherche depuis si longtemps. Le sentiment qui l'y pousse est la pitié, sentiment royal par excellence, qui était à la chute des premières paroles d'Œdipe : « Je serais sans cœur si je ne prenais pas pitié de vous, *katoikteirô* » (v. 13). S'il est difficile

de distinguer entre *oiktos* et *eleos*, on notera qu'ici *eleos* renvoie au rôle passif du chœur, et *oiktos* au rôle actif du roi. La situation d'ensemble rappelle en tout cas la seule formule grecque à être restée dans la messe en latin, à ce moment (de *kommos* ?) où les fidèles se frappaient justement la poitrine : «*Kyrie eleison*, Seigneur prends pitié. » Le roi est vraiment père de son peuple quand il a pitié de lui, et Œdipe comme le Christ prend sur lui les péchés de la collectivité, il meurt pour les sauver, il «cède » aux prières.

P. 48

1. Gr. *eupompos*, le bon guide, le bon pilote de navire (voir v. 56; cf. «psychopompe » : celui qui guide les âmes).

2. Gr. *mènis*, la colère durable, le ressentiment, et non plus, comme avant, *orgè*, l'accès de colère.

3. On lit en général : «J'ai plus de respect pour toi que pour eux. »

P. 49

1. À noter que l'oracle donné à Laïos ne parle que de parricide, et non d'inceste comme celui donné à Œdipe.

P. 50

1. La précision géographique a surtout son importance parce qu'on montrait à cet endroit précis, à l'époque de Sophocle et longtemps après, les tombeaux de Laïos et du serviteur tué avec lui.

P. 51

1. Signe de l'importance sociale de Laïos. Sur son rôle, voir la note au v. 807.

P. 53

1. Litt. : «Mon père était Polybe, de Corinthe, ma mère Mérope, de race dorienne. » Œdipe était à Corinthe «le plus grand des citoyens, *megistos* ».

2. Litt. «un coup du sort, *tychè* », mot qui reprend le «destin, *tychè* » du v. 773. Voir le v. 1080.

3. Litt. : «Je mesurais sur les astres la distance de Corinthe », pour dire «Je marchais au hasard », et plus profondément : «je m'exilais ».

P. 54

1. Gr. *trochèlatès*, synonyme de *hègemôn*, «le cocher », employé juste avant. *Trochèlatès* est le mot utilisé par Jocaste dans son récit au début des *Phéniciennes* d'Euripide (v. 39) : «Le cocher de Laïos ordonna : "Étranger, c'est un roi, range-toi !" Lui, sans rien dire, allait sa route fièrement. » Cela peut éclairer la discussion sur le nombre de personnes autour de Laïos (voir par ex. dans La Pléiade la note pp. 1325-1326), puisque Jocaste comptait cinq personnes en tout (v. 752). Il ne semble pas qu'il y

ait lieu de supposer que *trochèlatès* et *hègemôn* renvoient à deux personnages différents. Œdipe ne nomme que trois personnes : Laïos, le héraut, le cocher. Il oublie le valet rescapé. Celui-ci est-il englobé dans le «tout» de «je tue tout le monde» (v. 813)? Quoi qu'il en soit, la situation d'ensemble est la suivante. Le héraut ordonne de s'écarter pour faire place, ce qui est un affront (Œdipe est lui-même fils de roi). Œdipe frappe alors le cocher et tente de longer le chariot. Le roi l'épie et lui donne un coup d'en haut, sur le crâne. C'est en réponse à ce geste qu'Œdipe tue Laïos. Si, de bout en bout, son récit dit que ce n'est pas lui qui a commencé, il le montre aussi comme un héros à la fierté ombrageuse et à la force épique, insensible aux coups et capable de tuer à lui tout seul trois ou cinq personnes : un surhomme et non un modeste voyageur à pied. Tout cela complète le portrait d'un Œdipe qu'a pu frapper l'*hybris*.

2. Litt., «plus ennemi des *daimones, echthro-daimôn*». Voir «dieu» au v. 829.

3. Voir la note au v. 352.

4. Œdipe n'a donc pas encore assimilé Laïos à son père. Jusqu'ici, il reconnaît avoir tué un noble vieillard, peut-être le roi défunt, et ainsi risque d'être sous le coup de sa propre proclamation contre le meurtrier. Mais il n'a pas repris les termes de l'oracle des v. 713-714 : où Laïos serait tué par son propre fils. Régicide peut-être ; parricide non.

5. Gr. *daimôn*, un dieu inconnu, comme au v. 814, alors qu'un peu plus bas, v. 830, «dieux» traduit *theos*. Pour la différence, voir la note au v. 34.

P. 55

1. Le mot gr. *lèstè* est en tête du vers, ce qui justifie l'italique de la traduction. «Ce pluriel» : litt. «ce nombre, *arithmos*».

P. 56

1. Cf. Iliade, XII, 237 : «Peu m'importe, dit Hector, que les oiseaux aillent vers la droite ou vers la gauche.»

2. Le repli dans le palais est, certes, un artifice scénique mais la fin du vers, avec le mot *philos*, litt. «rien qui ne te soit amical (qui ne soit d'une alliée)», est essentielle. Le mot souligne qu'on a ici un double repli à l'intérieur de la sphère privée : dans le palais, et dans le cadre protecteur de la *philia*, cette relation obligatoire de solidarité entre proches. Jocaste assure le roi que, même si tout le monde l'abandonne, elle ne cessera de faire son devoir et de le défendre, ce qu'elle fera effectivement par la suite. L'attitude de Jocaste envers Œdipe est à rapprocher de celle d'Antigone envers Polynice, le frère mort privé de sépulture et donc exclu de la cité. Car si Œdipe quitte la scène, dans un mouvement très dramatique (il est sur scène depuis le tout début) c'est bien parce qu'il est d'ores et déjà un exclu en puissance. Il vient de reconnaître avoir tué un seigneur sur son chariot. Que ce seigneur ait été Laïos n'est pas encore prouvé. Mais tout se passe comme si Œdipe était déjà frappé par sa propre proclamation : défense d'adresser la parole à qui que ce soit (voir la note au v. 352). La réapparition d'Œdipe hors du palais au v. 950, sur ordre de Jocaste, est

alors cohérente. À ce moment-là, l'annonce de la mort de Polybe semble
lever le soupçon contre lui, en apportant un début de soulagement.

Deuxième stasimon

P. 57

1. Litt. : « Le dieu est puissant, *megas*, en elles, *en toutois*, il ne vieillit
pas. » On peut comprendre que les lois tirent leur force de la présence du
dieu en elles, ou au contraire (J. Bollack) que le dieu est puissant grâce
aux lois qui gouvernent l'univers et qui fondent sa supériorité.

2. Litt. : « gavée de choses sans opportunité (*epikairos*, sur *kairos*) et
sans utilité *(sympherô)* ».

3. Litt. : « où le pied ne sert plus à rien ». J.-P. Vernant y voit une
allusion au nom d'Œdipe, *Oidi-pous* ou « pied enflé », en rapprochant des
v. 418 (la Malédiction talonnante, « au pied terrible » et v. 469 (la fuite de
la victime réglée sur le pas des chevaux), face au « pied élevé » ou socle
sublime des Lois (v. 866). Voir en tout cas la rime en *pou* des v. 924-926.

4. Litt. : « Je n'aurai d'autre protecteur. » Gr. *prostatès*, mot qu'a utilisé
Tirésias au v. 411 (« patronage »).

P. 58

1. Litt. : « celui qui va son chemin en regardant de haut, *hyperopta*
[en témoignant son mépris], par ses mains [par ses actes] et par sa parole ».
Le verbe *hyperoraô* se raccroche au thème de l'*hybris* par le préfixe *hyper* ;
les paroles et les actes rappellent le début de la strophe I. La Justice : gr.
dikè.

2. Sens habituel de *chlidè*, luxe, opulence arrogante (cf. le v. 380). On
le rencontre chez Eschyle (*Prom.*, 434) avec le sens d'orgueil méprisant.
Toutefois, chez Sophocle, c'est le sens de félicité matérielle qui prévaut.
Cf., par ex., *Électre*, 452. L'adjectif « maudite » traduit *dyspotmos*, « infortunée », qu'on retrouvera au v. 1181 pour qualifier Œdipe après la découverte de sa naissance.

3. Litt. : « Pourquoi faut-il que je danse en formant un chœur, *ti deî me
choreuein.* » C'est bien dire que la fonction du chœur et de ses danses est
de lutter contre l'*hybris*.

4. Litt. : « au nombril intouchable, *athikton*, de la terre ». L'adjectif est
le même que dans la strophe II, litt. « porter la main sur les choses intou-
chables ».

5. Litt. « à Abae », en Phocide, où Apollon rendait des oracles. Delphes
(Apollon) et Olympie (Zeus) étaient les deux sanctuaires les plus importants
de la Grèce.

6. Litt. : « montrer de la main », du doigt.

7. Litt. : « les choses divines, *ta theia* », sur *theios*, divin.

TROISIÈME ÉPISODE

P. 59

1. *Anaktes*, pluriel d'*anax*. C'est le mot constamment employé pour s'adresser à Œdipe. Absence du roi, vacance du pouvoir, le chœur est mis dans le rôle de l'assemblée des princes : conseil de régence. Au v. 1111, Œdipe les nomme *presbys*, « vieillards », ce qui n'est pas en contradiction. C'est le Conseil des Anciens. Voir aussi le v. 1223.

2. Litt., « le cœur, *thymos* » (voir au v. 319 Tirésias découragé, sans cœur ou courage, *athymos*). Le mot est repris au v. 975.

3. Les trois vers du messager riment en *-pou* : « *mathoim' hopou / Oidipou hopou* » (pourrai-je apprendre où est Œdi*pou* ?) Jean-Pierre Vernant y voit une forme d'ironie : par la bouche innocente du messager, les dieux se moqueraient ainsi de celui qui croit tout savoir, et qui ne sait même pas, Tirésias, « sous quel toit [il] demeure » (v. 144). Phénomène très rare en grec, la rime souligne ce pied enflé ou *pous* qui va maintenant achever de désigner Œdipe comme la victime idéale (voir p. 57, n. 4).

P. 61

1. L'isthme de Corinthe.

P. 64

1. Dans l'Antiquité, les rêves sont interprétés comme des sortes d'oracles. Coucher avec sa mère était le présage favorable d'une prochaine accession au pouvoir : ainsi Hippias à la veille de la bataille de Marathon (Hérodote, VI, 107). Sophocle emploie d'ailleurs les mêmes mots qu'Hérodote *(métri suneunèthènaï)*. Autre exemple : César visité par un rêve incestueux avant le passage du Rubicon (Plutarque, *César*, 37), songe qualifié d'affreux. Du reste, Jocaste ne semble pas plus croire à ce type d'oracles qu'aux autres. C'est qu'elle incarne jusqu'au bout celle qui ne croit pas au « divin », celle que l'affolement de la crise n'atteint pas.

2. Litt. : « quel grand œil, *ophthalmos* ». On l'interprète soit comme « quel soulagement » soit, de façon sans doute plus pertinente, comme « quel témoignage, quel indice ». L'œil est un instrument pour voir le vrai : une chose en éclaire une autre et la fait voir. Voir la note au v. 1220.

P. 66

1. Litt. : « de contracter la souillure, *miasma* ».

2. Gr. *phobos*, mot qui domine l'attitude d'Œdipe depuis le v. 917.

P. 68

1. Voir la note au v. 421.

P. 69

1. Gr. *tychè*, coup du sort ou plutôt de la Fortune, la *Fortuna* latine (qui

joue un grand rôle dans le destin d'Œdipe : voir la note au v. 776, et le v. 1080). Allusion à l'étymologie traditionnelle d'*Oidi-pous* « pied *(pous)* enflé » (voir le fr. « *œdème* »).

2. On peut comprendre aussi : « Ai-je reçu le nom de ma mère ou de mon père ? »

P. 72

1. Gr. *tridoulos*, « trois fois esclave », forme d'hyperbole (par ex. *tridystènos*, « trois fois malheureux », donc « très malheureux »).

P. 73

1. La majuscule est au texte : *Tychè*. Voir le v. 1036.

2. Nom formé sur *orcheomai*, danser (cf. orchestra), danse et chants de joie en l'honneur d'Apollon. On en trouve l'équivalent exact dans l'*Ajax* de Sophocle, aux v. 693-717, à la même place dans la progression dramatique. Ajax, lui aussi, croit que dans son malheur actuel il a trouvé le salut (v. 692), et le chœur de se réjouir. Ici de même, Œdipe vient de supposer qu'il est fils d'esclaves, ou plutôt de la Fortune : le chœur le mythifie aussitôt comme le fils de quelque dieu. C'est certes une nouvelle preuve de la fidélité du chœur envers le roi, mais aussi une menace, puisque le roi est ainsi, plus que jamais, distinct du commun des mortels, ou fils de rien ou fils de dieu. Certains, dont Bollack, considèrent que cette paire strophe et antistrophe constitue à elle seule un stasimon, et donc que les v. 1110-1185 sont un quatrième épisode.

P. 74

1. « Amis » traduit : « anciens, *presbyteis* », sur *presbys*. Le mot désigne à la fois le vieillard et l'homme d'importance, d'expérience : le groupe des nobles est le Conseil des Anciens (voir la note au v. 911 ; *presbys* a donné le fr. « presbyte » mais aussi « prêtre »). On peut supposer qu'en s'adressant ainsi au chœur, Œdipe reconnaît, au point où il en est, une sorte de diminution de son pouvoir absolu. La mention de leur âge se justifie également pour l'identification du pâtre, nommé lui aussi « l'ancien », *presbys*, alors que le messager était qualifié par Œdipe de « vieillard, *gerôn* ». Le coryphée est donc assez vieux pour avoir connu le pâtre à l'époque de Laïos.

P. 77

1. Le bâton est déduit du verbe *kolazô*, « châtier, punir » et, ici, « rabrouer ». Référence aux injures ou aux coups.

P. 81

1. Gr. *dyspotmos*, adjectif déjà vu au v. 888 (strophe II, p. 58) : la richesse *maudite*.

P. 82

1. Puisque l'oracle avait interdit à Laïos d'avoir un fils : le crime du père a précédé celui du fils. La traduction Grosjean rend la concision des deux vers grecs : « Je suis né de qui je ne devais pas, je suis uni à qui je ne dois pas, j'ai tué qui je n'aurais pas dû. »

P. 83

1. Litt. : « Visant de ton arc, *toxeuô*, au plus haut point, *hyperbolè* ». Le *hyper* de « l'hyperbole » suffit à souligner que le mot renvoie à l'*hybris* : Œdipe a visé trop haut, plus dure est la chute. Pour l'idée du bonheur excessif qui précède la déchéance, voir la citation d'Aristote dans la note au v. 600. Le mot utilisé pour bonheur, *eudaimôn* (ici et v. 1190), est formé sur *daimôn* (voir note aux v. 34 et 1302) : litt. « le bon génie », la faveur de quelque dieu.

2. Gr. *basileus* ; « souverain » traduit le verbe formé sur *anax*, « le seigneur », « le prince » (voir note au v. 911).

P. 84

1. L'adjectif utilisé *akôn* est le contraire de *hekôn*, « qui agit de propos délibéré, volontairement ». L'interprétation traditionnelle, ici retenue, est « le Temps t'a retrouvé, malgré tes efforts pour te cacher », mais on peut également comprendre (cf. L. Roussel, commentaire p. 397) « bien que tu n'aies commis aucune faute supplémentaire, aucune maladresse qui ait pu te faire découvrir ». La traduction de J. Bollack : « Il t'a retrouvé et l'acte pourtant n'était pas volontaire » va un peu plus loin dans l'interprétation. Elle a l'avantage de faire le rapprochement avec le v. 1230, et avec *Œdipe à Colone*, où *akôn* est le mot clé de la défense d'Œdipe (aux v. 265-274, 510-548, 960-1002, particulièrement 963, 977, 986 : « Comment me fais-tu grief d'un acte involontaire ? »).

2. Litt. : « Il juge, *dikazô*, depuis longtemps ce mariage non-mariage, *agamos gamos*. »

3. Litt. : « et j'ai endormi mon œil, *omma* ». L'interprétation habituelle est : « Jadis tu m'as rendu la vie, tu m'apportes maintenant la mort. » À rapprocher de ce que dit le prêtre de Zeus aux v. 49 et 50. J. Bollack considère que l'œil a ici la même valeur qu'au v. 987 : instrument intellectuel d'une découverte. Le chœur (le pays) avait retrouvé le souffle grâce à Œdipe. Ainsi sauvé de la Sphinge, il avait alors, et non « à présent » (qui n'est pas au texte), pour ainsi dire « fermé les yeux ». Il n'avait pas vu la vraie nature du nouveau roi. A cet œil aveuglé s'est substitué l'œil du Temps qui, lui, a retrouvé le fautif.

P. 85

1. Litt. : « O vous qui recevez toujours les plus grands honneurs de cette terre ». La formule est un écho direct des v. 1202-1203, avec la reprise de *megista*, superlatif de *megas* « grand ». Cette reprise a le même sens que le « Dignitaires » de Jocaste au v. 911. Elle annonce d'entrée qu'Œdipe est

hors jeu. Dès lors le rôle du chœur prend de l'importance car ce noble «conseil des Anciens» est, après la famille royale, l'institution la plus haute de la Cité. Le valet lui rend hommage. Il demande aux princes s'ils vont être «fidèles à leur sang», à leur *genos* (au gr. *«eggenôs»*) ou en latin à leur *gens* : à leur alliance familiale avec la race noble issue de Labdacos. Les princes pourraient en effet en profiter pour rompre l'alliance. Autrement dit, la tragédie n'est pas terminée, et la suite n'est pas simplement une série de scènes pathétiques. Il y a encore péril pour Œdipe et pour le pays. La question est de savoir comment et jusqu'où le roi va endosser le rôle de la victime, et par voie de conséquence jusqu'à quel point le pays va retrouver son unité, ou au contraire sombrer dans la guerre civile et la lutte entre princes. La purification va-t-elle réussir, ou non : voilà la question qui se pose, maintenant que la victime expiatoire a été clairement identifiée.

2. Litt. : «ni l'Ister [le Danube] ni le Phase». Dans l'*Andromaque* d'Euripide (v. 650-651), le Phase et le Nil marquent les limites du monde connu. La source du Nil comme du Danube, fleuves immenses, se perd aux confins de l'Océan qui pour les Grecs entoure le monde émergé. «Purifier» : gr. *katharmos*, vu au v. 99.

3. Litt., «volontaires et pas involontaires, *hekôn*, et pas *akôn*». Rappel du mot vu p. 84, n. 1. Si Œdipe a tué son père involontairement, si Jocaste l'a épousé sans le reconnaître, les maux que lui et Jocaste s'infligent sont bien de leur fait ; voir aussi l'insistance du v. 1237, «d'elle-même, sur elle-même». Par cette adhésion volontaire, ils contribuent à la réussite de la purification.

P. 86

1. Litt., «Jocaste la divine, *theios*». Sa mort est au propre une apothéose : elle la divinise.

2. Le mot gr., au pluriel, est *pathèma*, que le Nouveau Testament utilisera pour désigner la Passion du Christ. «Éperdu» : gr. *orgè*. Le valet va raconter ce qu'il n'a pas pu voir, puisque Jocaste s'enferme dans sa chambre.

3. Gr. *daimôn* comme au v. 1301. Au v. 1329, Œdipe l'identifiera à Apollon.

4. Gr. *deinos*, repris aux v. 1265 et 1267 («atroce» à voir), ainsi qu'aux v. 1300-1301. L'adjectif désigne la terreur devant l'apparition du sacré, comme au v. 11 face à la peste. Les cris d'Œdipe et son geste pour se crever les yeux sont plus qu'une atrocité : c'est la présence du sacré. Un dieu ou *daimôn* est là.

P. 87

1. L'identification concrète fait le désespoir des traducteurs. Litt. «des fermetures, *kleîthron* (sur *kleiô*, fermer) creuses, *koîlos*». J. Bollack comprend «les battants creux, arrachés à leurs pivots», ce qui permet de souligner les autres emplois de *kleîthron* au v. 1287 (trad. par «portes») et au v. 1294. Œdipe demanderait qu'on ouvre non les portes (on attendrait

pylè), mais les battants du palais, en employant le même mot que pour ceux de la chambre qu'il a enfoncés. « Lacet » est un autre cas difficile. J. Bollack lit : « nouée aux nœuds du lit », donc pendue au ciel de lit, ce qui a l'intérêt de renvoyer au lieu du crime. On peut cependant formuler d'autres hypothèses.

2. L'agrafe retenait les vêtements. Hérodote dont Sophocle s'inspire sans doute (V, 87, 2) raconte comment les Athéniennes tuèrent un de leurs concitoyens, qu'elles accusaient de lâcheté, avec leurs agrafes, qui leur servirent de poignards. Une scène analogue est racontée dans l'*Hécube* d'Euripide où la masse des femmes, « chiennes meurtrières », transpercent avec leurs agrafes les yeux de Polymestor.

3. Reprise littérale du v. 1185, avec les mots *ouk edei*.

4. Ou, plus simplement, le menton, le gr. *geneion* ayant les deux sens.

5. La description est celle d'un sacrifice réussi. On a trois oppositions. Celle entre la petite et la grande quantité : *stagôn*, goutte (« perler »), face à *ombros*, pluie d'orage, et à *chalaza*, grêle, orage de grêle. Celle entre deux sortes de sang. Le premier (« sanguinolent ») est *phonos*, litt. le meurtre, le massacre, d'où le sang répandu par un meurtre, le sang d'une victime, par exemple celui du taureau égorgé au début des *Sept contre Thèbes* d'Eschyle (v. 44). Le second mot pour dire le sang (« sanglante ») est *haima*, fr. hémato-, le sang frais qui coule dans les vaisseaux, mais aussi le sang versé dans un meurtre. La troisième opposition est indiquée par le verbe *mydaô*, « suintement ». Le verbe signifie certes « mouiller » mais également « moisir, pourrir ». On le trouve dans le passage d'*Antigone* (v. 1008) où Tirésias raconte un sacrifice qui n'a pas réussi : des cuisseaux sur les cendres s'est dégagé un suintement vicié.

Autrement dit, Œdipe est à la fois la victime et l'exécutant d'un sacrifice. Il convient que ce sacrifice soit réussi, c'est même tout l'enjeu de la fin de la tragédie (voir note au v. 1123). Pour cela, il se frappe en chantant un hymne à la divinité (« complainte » : *ephymneô*), et il frappe « à coups répétés », litt., « souvent et pas qu'une fois, *pollakis kai ouk hapax* ». J. Bollack commente : « les coups répétés ouvrent un passage au sang frais », au bon sang vital, en évitant que le seul sang soit celui, vicié, de la plaie. Assurément. Mais cette précision technique donne aussi la recette d'un bon sacrifice, qui ressemble à s'y méprendre à un meurtre collectif (dans l'*Œdipe* perdu d'Euripide, ce sont les serviteurs qui frappent les yeux du roi). Il faut s'y mettre à plusieurs, il faut une grêle et un orage de coups pour que le sang jaillisse à flots, et que ce flot revitalise toute la communauté qui participe au massacre. L'apparente redondance « souvent et pas qu'une fois » évoque celle du v. 123 (« pas la force d'un seul, mais d'une multitude ») et du v. 845 (« car un et plusieurs, ce n'est pas pareil »). Les métaphores de la grêle et de la pluie d'orage rappellent celle des « chevaux de l'orage », v. 466. Dans tous les cas, tous contre un. Les princes thébains qui écoutent le valet peuvent être rassurés : Œdipe tient fort bien le rôle de la bonne victime. Et ce n'est pas terminé, puisque, non content de se massacrer tout seul, il va avoir la bonté de se reconnaître coupable, ce qu'il ne fera plus dans *Œdipe à Colone*.

6. Décidé à s'exiler de lui-même, et non chassé par les autres. Sur la difficulté que pose cette auto-exclusion, voir la note au v. 352.

P. 88

1. Gr. *deinos*, que traduit aussi « atrocité » au v. 1312 (et v. 1327) : voir v. 1260. « Folie » : gr. *mania*, qui désigne également les autres fureurs ou possessions par un dieu, la prophétique et l'amoureuse.

2. La répétition de « maudit » reprend le jeu *daimôn/dysdaimôn* (le dieu/ton infortune, contraire d'*eudaimôn* vu p. 83, n. 1).

P. 89

1. Litt. : « la piqûre des aiguillons (des agrafes, *kentron*) ». Le mot pour « piqûre », *oistrèma*, désigne la piqûre des taons (voir p. 33, n. 7) et par là une piqûre qui rend furieux, qui transporte d'une fureur ou *mania* (v. 1300).

2. Litt. : « Ce n'est pas étonnant, *thauma*, que tu mènes... » *Thauma* est un mot important : c'est le vocabulaire du merveilleux.

3. Gr. *philos*, mot qui va être constamment répété par Œdipe. Ce n'est plus Jocaste (v. 862) mais le chœur puis Créon qui incarnent son dernier soutien. Le mot souligne le repli dans la sphère privée et le retrait de la vie publique. Créon lui-même hérite pour ainsi dire des devoirs qu'impose la *philia* : envers sa sœur Jocaste, qu'il est chargé d'enterrer (v. 1447-1448), et envers ses nièces, bien qu'elles soient marquées d'opprobre aux yeux de tous (v. 1503-1509).

P. 90

1. Le texte ajoute : « amis, *philos* ».

2. Bollack comprend : « Comme je voudrais que tu n'eusses jamais fait la découverte [de ta naissance] ». Interprétation voisine de celle de P. Mazon : « Comme j'aurais voulu que tu n'eusses rien su ! », cette dernière étant plus proche du texte.

P. 91

1. Litt., « pour mes amis, *philos* ».

2. C'est la première fois que la ville est ainsi nommée par Œdipe (voir note au v. 1).

3. Sur la possibilité de lire « que l'impie chasse tout le monde », voir la note au v. 352.

P. 92

1. Litt., « quel méchant, *kakos* » (« misérable » traduit aussi *kakos*).

2. Litt., « des femmes épouses et mères ». Au vers précédent : « des pères, frères, enfants ». L'expression qui termine le v. 1406, *haim'emphylion* signifie littéralement « sang de la famille ». Elle se retrouve chez Pindare *Pythiques*, II, 32 (*emphylion haima* : le sang versé dans la légende d'Ixion), et dans *Œdipe à Colone*, v. 407, pour désigner le meurtre de Laïos. La plupart des traducteurs (Mazon, Roussel, Grosjean) s'en tiennent

au sens de « liens familiaux, liens du sang ». Bollack traduit par « meurtre de sang ».

3. Mais, précisément, le récit du valet montre que personne, au grand jamais, n'a touché Œdipe. Porter la main sur lui serait pour le chœur être contaminé, faire échouer le sacrifice du roi, diminuer la valeur de la purification qu'il apporte à la cité. C'est pour la même raison que Créon annonce ensuite qu'il a consulté le dieu (v. 1443) : ainsi aucune des sanctions qui frapperont Œdipe ne sera-t-elle le fait de la cité.

4. Gr. *phylax*, le gardien, le régisseur qui gouverne le domaine en l'absence du maître. Créon n'est pas le roi, mais le régent qui assure l'interrègne, et qui évite au chœur de prendre la décision de tuer Œdipe.

P. 93

1. Le Soleil ne doit pas entrer en contact avec un criminel, de peur d'être contaminé par la souillure. Il en va de même des autres éléments. À Rome, on cousait le parricide dans un sac, pour que son contact ne souille ni l'eau, ni la terre, ni la lumière.

2. Gr. *genos*, le clan, la tribu des proches (lat. *gens*). Repli définitif dans la sphère privée.

P. 94

1. Qui est une frontière naturelle entre Béotie et Attique (n. 7, p. 29), et, de ce fait, une sorte de *no man's land*.

2. Les traducteurs sont divisés, Mazon, Grosjean, Bollack : « Je mourrai par ceux qui voulaient ma perte. » Roussel, Debidour : « [...] par les mêmes voies ».

P. 95

1. Litt., « pour un mal terrible, *deinos* ».

2. Gr. *anax* c'est le mot employé auparavant pour s'adresser à Œdipe (voir v. 911). Le pouvoir a changé de main.

3. Gr. *daimôn*.

P. 96

1. Les jeunes filles, à Athènes, participaient en tant que telles à toutes sortes de fêtes et célébrations, les Panathénées, les Thesmophories, etc. En être exclue était évidemment un déshonneur.

2. Litt. : « Nous sommes morts tous les deux » : Jocaste réellement ; Œdipe socialement.

3. Litt. : « elles qui sont de ta famille (de ton *genos*), à errer comme des mendiantes ». Dans *Œdipe à Colone*, Antigone précisément accompagnera son père dans ses errances, tous deux en parias.

4. J. Bollack lit : « Priez le Ciel pour obtenir que je vive, quelle que soit la circonstance, et pour trouver, vous, une existence meilleure », solution proche de celle retenue par L. Roussel : « Mais au moins souhaitez pour moi que je puisse toujours vivre où je sois et pour vous-même de

trouver une existence meilleure que celle du père qui vous engendra. »
Ensuite, et jusqu'au vers 1523, le dernier prononcé par Créon, les vers
changent de rythme, on passe de l'habituel trimètre iambique à des tétra-
mètres. Cela marque une accélération de la diction et accentue un antagonisme où Créon a le premier et le dernier mot. V.-H. Debidour rend l'effet
par des décasyllabes assez libres (avec coupes épiques : « Ce que tu me
demand' dépend du dieu »).

5. J. Bollack lit : « Ne dépasse pas ce point où tes pleurs t'ont conduit. »
Non pas : « C'est assez pleuré », mais : « En pleurant ton discours est allé
assez loin ». Faire rentrer Œdipe dans le palais revient à lui refuser ou la
mort (v. 1410) ou l'exil (v. 1436 et 1451). Œdipe réitère donc sa demande,
et Créon répète que cela dépend du dieu ; ainsi est résumé l'antagonisme
de toute cette fin. Contrairement à une part de la prédiction de Tirésias
(v. 455), Œdipe n'est pas exilé. Il n'obtient pas que sa propre proclamation
(v. 225-244) s'applique à lui (voir aussi v. 1381-1383). Ce serait là une
ultime preuve de pouvoir ou *kratos*. Or, Créon termine en soulignant
combien précisément le roi déchu n'a plus aucun pouvoir, pas même sur
son avenir de paria : tu n'es plus « le maître, *krateô* » (v. 1522 ; voir p. 8,
n. 7).

P. 97

1. Litt., « me haïssent par-dessus tout ». Cf. v. 1346.

P. 98

1. Ce vers 1526 a beaucoup gêné les différents éditeurs, sans doute parce
qu'il donne une lecture trop politique de la chute du roi (on attendrait pour
la motiver une allusion au parricide et à l'inceste). V.-H. Debidour adopte
la correction habituelle, qui donne littéralement « Lequel, *hou tis*, des
citoyens ne regardait pas avec envie, *zèlos*, ses succès, *tychè* ? »

Louis Roussel s'en tient au texte non modifié des manuscrits et comprend
« ... qui, sans être jalousé, présidait aux destinées des citoyens ». Jean
Bollack opte pour une solution comparable mais infléchit le sens des mots.
« Lui qui, *hostis*, n'a eu d'yeux ni pour l'émulation des citoyens ni pour
leurs succès » – on a alors « c'est Œdipe, qui était dans le secret... et qui
n'a eu d'yeux ». La lecture de V.-H. Debidour renvoie à l'emploi de *zèlos*
(envie positive, émulation) et de *phthonos* par Œdipe au v. 381 : son
existence est trop enviée. Celle de J. Bollack, plus audacieuse, renvoie au
mot *palaisma* du v. 879 : le roi n'a pas su être celui devant lequel les
nobles rivalisent entre eux, le système si utile de leur rivalité s'est donc
déréglé. Le roi n'est plus ce *primus inter pares*, ce paradoxe du « premier
parmi les égaux » dont rêvent les Grands du régime. Il ne peut plus être
« bienvenu de tous » (v. 596-598).

2. Litt. « dans quelle vague, *klydôna*, dans quel effroyable malheur il
est arrivé, *elèlythen* ». Le verbe reprend le *elèlytha* du v. 7, en fin de vers
également (« je viens en personne », litt. : « je suis venu »). De même, le
« fameuse » du v. 1525 est le même adjectif, *kleinos*, que celui du v. 8,
« Œdipe le fameux ». Enfin, « tous les pouvoirs » reprend le même mot

qu'au v. 40, lorsque le prêtre de Zeus célèbre Œdipe comme « le plus puissant de tous, *kratistos* ». Ce jeu d'échos boucle la tragédie, de l'apparition du Sauveur à la déploration du malheur, du Capitole à la roche tarpéienne.

3. L'idée énoncée dans cette conclusion se trouve dans Hérodote (I. 31, 8). C'est la réponse célèbre de Solon à Crésus. « Et ainsi Crésus, tout n'est que hasard dans la vie humaine. Mais ce que tu me demandes [= te dire que tu es heureux], je ne puis pas te le dire encore, tant que je n'aurai pas appris que tu as terminé heureusement ton existence. » Elle est un lieu commun de la tragédie : Eschyle, *Agamemnon*, v. 892 ; Sophocle, fragment 588 ; Euripide *Andromaque*, v. 100, *Les Troyennes*, v. 509.

Note complémentaire

P. 57

La traduction de V.-H. Debidour s'explique par le fait que « tyran », en français classique, offre un double sens : « Dans l'antiquité, parmi les Grecs, celui qui s'emparait de l'autorité souveraine sur une communauté républicaine, soit qu'il l'exerçât avec modération et douceur, soit qu'il en abusât » (Littré).

L'étymologie traditionnelle d'*hybris*, mot expliqué à la note du v. 600 (voir aussi le v. 1196), quoique contestée, est éclairante ; elle rapproche le mot du préfixe *hyper* que l'on rencontre ici dans le verbe *hyperpimplèmi*, « remplir outre mesure, gaver ». Le vers dit littéralement : « L'*hybris* engendre [*phyteuô*, de *physis*, la nature] le tyran. » L. Roussel observe dans son commentaire (p. 276) que c'est la seule attestation chez Sophocle de *tyrannos* au sens de souverain absolu et malfaisant. Mais il peut paraître douteux (voir par ex. F.H.M. Blaydes cité par J. Bollack) que chez un auteur aussi ancien « tyran » apparaisse avec un sens négatif. Dans la littérature archaïque et classique, *tyrannis* signifie « pouvoir absolu » et non « despotique ». Au reste au titre *Oidipous tyrannos* ou encore au v. 380 où « trône royal » traduit *tyrannis*, voire au vers 514 (« Œdipe notre roi » pour *tyrannos*), la notion de royauté n'est pas absente.

Le débat, il est vrai, est ouvert sur les raisons qui auraient pu conduire Sophocle à substituer « tyrannie » à « royauté ». Est-ce une façon d'évoquer la situation d'Athènes gouvernée par Périclès et déprise des dieux ? On remarquera que le commentaire de l'actualité est à l'époque le propre des pièces comiques et qu'il n'est pas avéré que le chœur soit le porte-parole de l'auteur. Faut-il alors supposer que ce serait la conduite d'Œdipe à l'endroit de Tirésias ou de Créon qui fait de lui un tyran ? Mais c'est la colère qui le meut et le chœur l'assure de sa fidélité.

Autre difficulté, celle posée par l'emploi du mot *palaisma*, « lutte d'athlètes », dans le gymnase ou *palestre*, les deux mots issus du verbe *palaiô*, « lutter », hapax chez Sophocle mais autrement bien attesté. On ne peut ici que formuler des hypothèses. La traduction littérale donne : « La belle [*kalôs*] lutte pour la cité, je prie Dieu de ne jamais l'arrêter. » P. Mazon et V.-H. Debidour comprennent que le lutteur est Œdipe lui-même, qu'il a été le bon roi, a sauvé Thèbes et cherche encore à la sauver, pratiquant « la noble lutte pour son pays » (traduction Paul Mazon). Mais d'autres interprètes, sensibles à la pratique de l'émulation entre athlètes, ont pu suggérer qu'il s'agissait du zèle mis par les autres citoyens de Thèbes à rechercher le coupable. J. Bollack, enfin, voit dans la lutte entre les athlètes une forme de la lutte pour le pouvoir entre ces athlètes que sont les dignitaires ou grands seigneurs de la ville. De la sorte est établie une régulation entre les niveaux, qui évite la guerre civile. En outre, *palaisma* et *hybris* se voient liés. Violation de la loi, l'*hybris* s'oppose à la règle commune, à la normalité. C. del Grande a même pu voir dans l'*hybris* « l'arrogance d'un homme envers un de ses semblables, à l'intérieur de la même classe sociale* ». S'il est fort douteux que cette dernière catégorie, gramscienne, s'applique à Athènes, du moins peut-on observer que l'exemple canonique de l'*Iliade* (I, v. 203 et 214), où Achille se met en colère contre le roi Agamemnon accusé d'*hybris*, paraît ressortir à cette définition. Parce que le roi a osé, une fois effectué le partage du butin avec ses pairs, s'emparer d'une captive attribuée à Achille. La lutte ou *palaisma* offrirait l'avantage de maintenir l'égalité entre les rivaux, et la compétition sportive (voir ce que dit Hippolyte à Thésée dans l'*Hippolyte* d'Euripide : « Mon vœu à moi, c'est de triompher dans les jeux de la Grèce, y être le premier et le... »

À partir de là, il serait même possible de proposer une lecture cohérente de l'antistrophe I. Dieu doit maintenir une rivalité entre les nobles, dignitaires ou seigneurs (v. 911) afin que l'ordre règne à l'intérieur de la cité comme il doit régner dans l'univers (voir la strophe I et le v. 1526 d'interprétation tout aussi difficile). Par opposition, l'hybris serait liée par nature avec la royauté (voir le v. 380-383) ; Œdipe serait supérieur à tous en tout : richesse, pouvoir (*tyrannis* et savoir), ainsi qu'en force physique (voir la note au v. 806). Et les monstres sacrés déséquilibreraient un système que la compétition entre les nobles maintiendrait.

Mais on peut tout aussi bien, et à l'opposé, voir dans *palaisma* le sens d'« effort zélé et continu » plutôt que celui de « concurrence ». Aussi les lecteurs doivent-ils se montrer sensibles avant tout aux limites et aux incertitudes des interprétations proposées.

---

* *Hybris, Colpa e castigo* [...], Napoli, 1947, p. 10.

Postface

Se replonger dans la tragédie grecque de l'époque classique, c'est retrouver des récits d'une violence inouïe, loin de la calme beauté du Parthénon, loin du sens de la mesure qui règne alors sur l'Athènes de Périclès. Il n'y est question que de meurtres et de sacrifices humains, de dieux vengeurs et de sombres batailles pour le pouvoir. Le spectacle paraît, si l'on ose dire, barbare plutôt que grec. Les films de P. P. Pasolini ou les mises en scène d'Ariane Mnouchkine l'ont bien donné à voir.

Œdipe Roi n'est pas en reste. Il y a cette scène fameuse entre toutes où le roi apparaît *aveugle, les yeux sanglants*, peu après qu'on nous a raconté, avec force détails, la mutilation qu'il s'est lui-même infligée. Pareil geste n'est pas une aberration personnelle. Il s'inscrit au contraire dans une logique dont on tentera de rendre compte ici, évoquant brièvement trois lectures possibles de l'œuvre : celles de Jean-Pierre Vernant, de René Girard et de Jean Bollack.

À l'origine, une violence extraordinaire qui, fondamentalement, appartient au *sacré*. L'article célèbre et très documenté de J.-P. Vernant* nous éclaire sur ce point. Il montre que le roi est, *parce que roi*, une victime toute désignée pour le sacrifice humain. De roi à paria il n'y a qu'un pas, qui est la logique même du sacrifice. En général et apparemment, la victime et le roi se trouvent situés aux

---

* « Ambiguïté et renversement. Sur la structure énigmatique d'*Œdipe Roi* », dans *Échanges et communications. Mélanges offerts à Claude Lévi-Strauss*, Paris, 1970, t. II, pp. 1253-1279 ; repris dans *Œdipe et ses mythes*, Paris, éd. La Découverte, 1986, puis éd. Complexe, 1988, pp. 23-53. La page 34 donne de nombreux rapprochements textuels ; la page 36 souligne que l'énigme de la Sphinge renvoie aussi à Œdipe : qui est *Oi-dipous*, qui est cet animal à « deux pieds », *dipous*, le matin, à trois pieds à midi, à quatre pieds le soir.

deux pôles de la société. Or, les extrêmes se touchent. Ce
qui semblait éloigné se rencontre. Roi ou paria, ce sont, dans
les deux cas, des êtres vus comme hors du commun. Le roi
est certes un *héros*, mot qui désigne chez les Grecs un demi-
dieu. C'est en tant que tel qu'il rejoint le paria, c'est ainsi
qu'il peut être, comme lui, « un bon *pharmacos*, un bouc
émissaire » (J.-P. Vernant, p. 36), c'est-à-dire cet être infé-
rieur que l'on promenait à Athènes, à travers la ville entière
– pour la purifier – avant de l'en expulser.

Voilà la toile de fond du sacré. Le sacrifice humain est
une purification, et *pharmacos** signifie au sens littéral un
« remède ». La fable de La Fontaine, « Les animaux malades
de la peste », suffit d'ailleurs à le rappeler. L'histoire
est instructive : avant de sacrifier comme *pharmacos* un
malheureux âne, le roi-lion proclame :

> Que le plus coupable de nous
> Se sacrifie aux traits du céleste courroux ;
> Peut-être il obtiendra la guérison commune.
> L'histoire nous apprend qu'en de tels accidents
> On fait de pareils dévouements.

Fables, VII, 1, v. 18-22.

Mais l'article de J.-P. Vernant, écrit en 1970, ne va pas
jusque-là. Il se garde de supposer que le souverain de la
tragédie n'est pas plus coupable que le baudet de La Fontaine. Pourtant, le bouc émissaire est fondamentalement
innocent de ce dont on l'accuse même s'il n'est pas exempt
d'*hybris*. Œdipe n'a pas tué son prédécesseur le roi Laïos –
qui n'est pas son père, pas plus que Jocaste n'est sa mère.

Cela nous amène à la thèse de R. Girard**, plus audacieuse et non moins célèbre.

---

* *La Violence et le Sacré*, éd. Grasset, 1972, chap. 3, « Œdipe et la
victime émissaire » ; *Le Bouc émissaire*, Grasset, 1982, chap. 10 ; *La Route
antique des hommes pervers*, Grasset, 1985, chap. 6, « Œdipe et Job ».

** « Œdipe sans complexe », dans *Raison présente* 4, 1967, pp. 3-20 ;
repris aux pp. 1-22 d'*Œdipe et ses mythes*.

En effet, l'important n'est pas seulement que nous soyons en présence de crimes rituels commis par des êtres d'exception – Œdipe est loin d'avoir le monopole de l'inceste ou du parricide. Pour R. Girard, le trait remarquable de cette œuvre est que les crimes sont *inventés* au fur et à mesure, d'où une vraie progression dramatique. Ce qui n'empêchera cependant pas Œdipe de les avouer, comme dans les procès de sorcellerie ou, plus récemment, dans ceux des régimes totalitaires. La victime innocente signe les aveux qui lui ont été suggérés, et elle les signe spontanément, dans une sorte d'*entente ultime*. Parfois même, elle parvient à se convaincre de sa propre culpabilité. Œdipe n'est pas coupable, mais il *se* dévoue tout autant que les autres *le* dévouent. D'où la surprenante réconciliation de la fin : Œdipe s'est conduit en bonne victime et tout le monde lui en est reconnaissant. Grâce à son dévouement, le pays est sauvé. Il devient ou, plutôt, redevient le Sauveur, le Père de la Patrie. Le lion a pris la place du baudet.

L'interprétation de J.-P. Vernant suffit à régler deux «faux problèmes». Celui, d'abord, du fameux complexe d'Œdipe. J.-P. Vernant rappelle que l'Œdipe freudien n'a pas grand rapport avec la mythologie grecque. Freud présuppose, qui plus est, une identification du lecteur de Sophocle – ou du spectateur – au héros, grâce à laquelle il retrouve ses propres désirs infantiles de mort du père et d'union avec la mère. Situation d'autant moins vraisemblable que le héros grec est situé hors de l'humanité courante, qui, elle, est incarnée non par le roi divin mais par le chœur. Par ailleurs, le rêve d'union avec la mère a sa place chez les auteurs antiques qui lui donnent généralement le sens tout différent d'un présage annonçant la conquête ou la reconquête du pouvoir. C'est ainsi qu'Hérodote présente un rêve d'Hippias avant la bataille de Marathon ou que Plutarque comprend celui de César sur le point de franchir le Rubicon (voir, à ce sujet, p. 64, n. 1).

L'autre faux problème est celui de «l'invraisemblance» majeure de la pièce. Le pâtre, seul témoin du meurtre de Laïos, arrive enfin, au v. 1110. Voltaire, qui a, comme Corneille, écrit un *Œdipe*, note avec justesse qu'on s'attendrait à voir Œdipe l'interroger «avec empressement sur la mort du feu roi* ». Or, ce n'est pas le cas. On n'en parlera plus. Comment rendre compte alors de cet apparent « oubli » ? Aux v. 771-833, Œdipe reconnaît avoir tué Laïos. Logiquement, d'après sa propre proclamation (v. 229), il devrait être exilé plutôt que mis à mort, en récompense de cette auto-dénonciation. Rien ne se passera de la sorte. L'enjeu réel de la suite du drame n'est plus d'identifier le régicide mais de prouver qu'il est, en outre, parricide et incestueux. Ce mouvement reproduit la surenchère de Tirésias (*cf.* p. 29, n. 4). Nous sommes dans une logique telle que le roi doit, *nécessairement*, devenir un paria. C'est le schéma type : de la grandeur à la chute, du Capitole à la roche tarpéienne.

Il ne suffit donc pas de tenir le coupable, il faut encore montrer qu'il est le dernier des hommes, « ce pelé, ce galeux, d'où venait tout leur mal » (La Fontaine, *Fables*, VII, 1, v. 58).

Le meurtre dont Œdipe s'accuse d'abord est somme toute banal : celui d'un voyageur irascible sur la route. Mais déjà Œdipe se pose en meurtrier extraordinaire : il devient alors un demi-dieu dans le mal comme il l'était jadis dans le bien.

Ayant ainsi rendu compte de la première « invraisemblance », on peut, grâce cette fois à l'interprétation de R. Girard, démonter la mécanique du « piège à roi » ; *la machine infernale* qui, inextricablement, procède à « l'anéantissement mathématique d'un mortel** ».

Tout commence, dès le Prologue, par le récit du meurtre de Laïos assassiné en dehors de la ville (voir p. 12, n. 1 et 2) par une « foule », ou *plèthos*, qui l'aurait assailli. Ils étaient bien plusieurs, et non pas un (n. 121, p. 53), et ils étaient Thébains. C'est ce qui explique la prudence du seul témoin survivant, qui supplie la reine avec instance de l'éloigner de la ville (v. 762). C'est aussi la raison de l'absence surprenante de vengeance dans une société où elle est un devoir imprescriptible (n. 2, p. 13) ; de même la prudence

---

* Voltaire, « Lettre III contenant la critique de l'*Œdipe* de Sophocle », dans *Œuvres complètes*, éd. Louis Moland, Paris, Garnier, 1877, t. II, pp. 20-21.

** La formule est de Cocteau, présentant son adaptation d'*Œdipe Roi*, qu'il intitule *La Machine infernale* (repris aux éd. Grasset, « Les cahiers rouges », 1993, et « Le Livre de Poche », n° 854).

de Créon, qui, au retour de Delphes, préférerait redire l'oracle loin de la foule des présents (n. 2, p. 10). Et, c'est en annonçant qu'il va, lui, venger le mort coûte que coûte, qu'Œdipe lancera la machine infernale et qu'il fera peser sur Thèbes un autre danger encore. En effet, les meurtriers n'ont pas l'intention d'être découverts. Plus Œdipe va enquêter et faire « l'historique* » de la situation, plus la menace se fera pressante, et plus il deviendra urgent de se débarrasser de l'enquêteur. La machine se retourne contre lui, avec cet humour féroce propre aux rumeurs. Ainsi celui qui accuse Tirésias devient l'accusé, celui qui vante sa clairvoyance est aveugle, celui qui dit que Laïos est « comme mon père » est vraiment son fils.

Nous sommes donc dans un roman policier à la configuration inédite. « On » y décide que l'enquêteur est le coupable, afin que la vérité reste voilée. Mais Œdipe n'est pas seulement une sorte de Sherlock Holmes ou un Maigret. Il est aussi roi, et, en tant que tel, il a pitié de son peuple malade de la peste, malade d'une crise de fin de règne comme celle qui amena la mort du roi Laïos. Œdipe accepte royalement de se sacrifier, d'être le baudet ou *pharmacos* que Tirésias puis Créon ont refusé d'incarner. Moment douloureux et capital (n. 1, p. 46). Une fois cette décision prise, ce sera toujours lui qui mènera l'enquête, en interrogeant la reine Jocaste (v. 729-756). Mais le but n'est plus de faire éclater la vérité du meurtre collectif. Le but est d'apprendre de Jocaste les détails du meurtre et d'inventer, grâce à eux, un récit plausible. Autre « invraisemblance » supposée : ce récit cadre mal avec celui de Jocaste. Et pour cause : il n'est pas véridique. L'oracle fait au jeune Œdipe ne coïncide pas vraiment avec celui fait à Jocaste ; le nombre de serviteurs autour de Laïos est ramené de quatre à deux. L'aveu prétendu spontané se révèle être un aveu extorqué. Seul, Œdipe aurait tué « tout le monde » (v. 813) : l'exploit est plus vraisemblablement, mais moins héroïquement, celui d'une foule.

Reste à rendre compte des récits, cette fois concordants, du pâtre de Laïos et du messager de Corinthe qui amènent

* *Historeô* signifie d'abord « enquêter, chercher à savoir » (v. 1165 : « maître, n'en demande pas plus, *mè historei* »). L'histoire est contre le mythe, comme chez Hérodote le premier historien, et l'ami de Sophocle.

Œdipe à découvrir sa « véritable » filiation. L'abondance des indices convergents produit, de prime abord, un imposant effet de vérité.

Il faut noter tout d'abord que nous sommes là face à un matériau mythique conventionnel que l'on retrouve partout, à Corinthe comme à Thèbes : oracles à foison, enfants abandonnés, chevilles liées, autant d'éléments passe-partout pour désigner le destin exceptionnel d'un roi et, par là même, on l'a vu, d'une victime en puissance. Il est également nécessaire de remarquer les curieuses « coïncidences ». Le pâtre qui a vu mourir Laïos est précisément celui qui a sauvé le bébé ; le berger corinthien qui a recueilli Pied-enflé est aussi le messager venu de Corinthe. Il est plus économique de supposer que le pâtre ment ; ses aveux seront extorqués par la suite sous la pression d'Œdipe. Il en sera de même pour les aveux du pâtre. En d'autres termes, le pâtre improvise, tout comme Tirésias improvisait, lui aussi, sous la menace. Entre sauver le roi et se sauver, ils ont choisi. S'ils improvisent dans l'urgence, les grandes lignes de la partition leur sont connues, tant elle est stéréotypée. L'essentiel est que le pâtre sache en arrivant qu'Œdipe s'est déjà accusé du meurtre et que Polybe n'est pas son père. Le pâtre le sait comme tout le monde – comme le chœur le sait. Il lui reste à jouer son petit air de pipeau ! La partition d'ensemble est facile à suivre, si facile que Jocaste rentre avant le *finale*, pour se pendre avant qu'on la lapide (v. 1072).

Ainsi décrite à grands traits, la machine infernale est la machine à décerveler. Qui veut perdre son roi l'accuse de la rage – d'inceste et de parricide. Mais, dira-t-on contre R. Girard, personne n'a jamais accusé Œdipe, ce sont les dieux qui lui révèlent son identité et son destin, un peu aidés, certes, par Tirésias. L'objection est forte. Elle ne résiste pas à l'examen, mais permet de donner sens au geste insensé de l'aveuglement.

Jean Bollack la formule avec netteté, au détour d'un commentaire fleuve*. La communauté n'a jamais exclu

---

* *L'Œdipe Roi de Sophocle*, Presses Universitaires de Lille, 1990, 1659 p. La traduction seule a d'abord paru aux éditions de Minuit en 1985 ; quant au commentaire philologique, les notes de cette édition tâchent d'en donner les résultats les plus remarquables.

Œdipe, qui s'est exclu de lui-même : auto-dénonciation, auto-mutilation, auto-exclusion. Il ne saurait donc être à proprement parler un bouc émissaire, puisque l'expression désigne une exclusion organisée par la collectivité. J. Bollack remarque par exemple que la grammaire permet de lire aux passages clés non pas «que tout le monde s'écarte du meurtrier» *(exclusion collective)* mais «que le meurtrier s'écarte de tout le monde» (*auto-exclusion*, voir n. 2, p. 25). De même, le chœur proteste jusqu'au bout ou presque de sa fidélité envers le roi. De même encore, le récit de l'auto-mutilation souligne fortement que le geste était «volontaire, pas involontaire» (n. 3, p. 85). Nul ne lui a donné d'arme (v. 1255), nul ne lui a indiqué où se trouvait Jocaste (v. 1259). Le valet qui raconte peut donc avoir la conscience tranquille, tout comme le chœur. C'est Œdipe qui implore «tuez-moi» (v. 1411), alors que justement le chœur refuse, horrifié, de porter la main sur lui.

De fait, Œdipe doit-il s'accuser, accuser son héritage familial (J. Bollack), accuser son destin? L'objection ne tient toujours pas. Il suffit de considérer qu'il pratique, non pas une auto-castration selon certains psychanalystes, mais une auto-lapidation. Pourquoi éprouve-t-il en effet le macabre besoin de frapper «souvent et pas qu'une fois» (n. 5, p. 87)? S'il faut tant de coups pour crever un œil, n'est-ce pas pour remplacer la foule, celle qui s'était abattue sur Laïos? Le cas d'Œdipe n'est pas sans exemple. Avant René Girard, Jean Starobinski avait étudié, dans les Évangiles, le possédé de Gérasa, dont les démons qui l'habitent répondent «Mon nom est légion*.» Le possédé «nuit et jour était dans les tombeaux et dans les montagnes, poussant des cris et se tailladant avec des cailloux». Voilà un autre auto-exclu s'auto-lapidant.

Mais pourquoi se taillader soi-même? Parce que cela revient à pousser à son terme le principe de la lapidation. Si, en effet, la foule jette des pierres, c'est pour éviter de porter la main sur la victime. Le sacrifice humain devient alors un sacrifice à distance, excluant tout risque de contamination, tout contact physique avec la souillure, ce qui dilue également la responsabilité du groupe. L'*Antigone* le

---

* Marc 5, 1-17; analysé dans *Le Bouc émissaire*, chap. 13.

montre bien. L'héroïne est emmurée vivante, cela se substitue à la lapidation proclamée au début (v. 36) et que le chœur a refusé de pratiquer (v. 216). L'emmurement répond par d'autres moyens au même principe : pas de contact, pas de responsabilité. Elle mourra mais de faim, Créon peut s'en laver les mains.

Dans cette perspective, l'insistance du récit sur l'automutilation est un indice sérieux de la mauvaise foi générale, conduite par la bonne conscience collective. Ce n'est pas nous, c'est lui. Tout au long de la pièce, le chœur affecte la soumission et la passivité. Mais, par sa seule présence, constante, écrasante, il est un acteur essentiel du drame, selon le précepte de la *Poétique* d'Aristote*. C'est lui qui maintient Œdipe dans la « bonne » direction : lorsqu'il sera temps, le roi revêtira l'habit de la victime idéale, celle qui assume la violence et les fautes de la collectivité au point de la décharger de toute implication morale. Ils n'ont pas même besoin de jeter de pierres, ni de le chasser. « Ce n'est pas nous qui le chassons, c'est lui qui nous chasse. » La formulation grammaticale autorise les deux lectures : c'est laisser entendre fortement, contre J. Bollack, que la situation d'ensemble est, elle aussi, pour le moins ambiguë.

Avec une pièce aussi difficile, magnifiquement difficile, on ne saurait avoir le dernier mot. Tentons de conclure sur cette ambiguïté, dans une pièce où l'ambiguïté est contagieuse, comme la peste qui pèse sur tout. Sophocle est en effet célèbre pour sa maîtrise de « l'ironie tragique » ; reste à en dégager la portée la plus profonde.

L'exemple français traditionnel est dans l'*Iphigénie* de Racine : l'héroïne demande si elle pourra assister au sacrifice, sans savoir qu'elle en sera elle-même la victime ; Agamemnon de répondre « Vous y serez, ma fille ». Ces formules à double sens abondent dans *Œdipe Roi*. Œdipe ignore lui aussi ce que nous savons déjà, qu'il va être la victime, ainsi lorsqu'il proclame « j'appelle sur moi [...] les

---

* « Le chœur doit être considéré comme l'un des acteurs, doit faire partie de l'ensemble et concourir à l'action, non comme chez Euripide, mais comme chez Sophocle. Or chez la plupart des auteurs, les parties chantées n'ont pas plus de rapport avec l'histoire qu'avec une autre tragédie (...). » 1456a 25, p. 135, Le Livre de Poche, n° 6734.

mêmes malédictions que je viens de lancer » (v. 249). Si Œdipe est vraiment coupable, on lit dans son destin la voix de quelque dieu : fatalité divine. Dans le cas contraire, l'ironie se double de la terreur de voir Œdipe alimenter lui-même la machine infernale, à commencer par l'improvisation divinatrice de Tirésias. Le double sens n'est pas sien, il est l'écho de ses paroles dans la bouche de ses adversaires. Œdipe leur fournit les armes. La fatalité n'est pas divine mais humaine, trop humaine. Terreur devant la machine collective qui se met en place, et pitié pour la victime qui commence son chemin de croix. Car, pour évoquer une dernière fois R. Girard, les commentateurs byzantins lisaient *Œdipe Roi* comme une préfiguration de la Passion ou *pathèma* – celle du Christ ou celle de Job (n. 2, p. 86).

Sophocle n'est pas pour autant un précurseur de la Révélation chrétienne. Le centre de gravité de sa pièce n'est pas essentiellement de montrer comment on fabrique un coupable à partir d'un innocent mais plutôt de révéler comment on fait et défait les rois, en les mythifiant pour le soulagement de tous, et particulièrement des grands aristocrates.

On retrouve par ce biais la conclusion de certains travaux récents sur la tragédie grecque. L'Athènes du Ve siècle avant J.-C. ne pratique plus le sacrifice humain, pas plus qu'elle ne vit sous le régime monarchique. Mais elle se souvient de ce proche passé, elle connaît la violence inouïe dont est capable une société humaine en pleine crise fondatrice et unanimiste. La tragédie est un passage obligé vers la démocratie, le moyen obscur de se dégager de la gangue des vieux mythes pour aller vers le droit, vers la lutte hors « divin » des parties et des partis. C'est donc un spectacle très profondément politique. La tragédie est, selon la définition de W. Nestle, « le mythe vu avec l'œil du citoyen ».

Francis GOYET.

Orientations bibliographiques

Sur la tragédie en général

Jacqueline de ROMILLY, *La Tragédie grecque* – P.U.F., 1970 (disponible dans la collection de poche « Quadrige »).
H. C. BALDRY, *Le Théâtre tragique des Grecs* – Maspéro, 1975 (réimprimé en « poche » dans Agora / Presses Pocket, 1985 ; avec une bibliographie actualisée).

Textes antiques

Le Théâtre de Sophocle a été édité en trois volumes (texte et traduction) dans la collection des Universités de France, « Les Belles Lettres ». Texte établi par A. DAIN et traduit par P. MAZON. Cette édition a été revue au début des années quatre-vingt par Jean IRIGOIN.
La Pléiade a consacré deux volumes (traductions et notes) aux *Tragiques grecs*. L'intégrale d'Eschyle et de Sophocle est dans le même volume. Traduction de Jean GROSJEAN, introduction et notes de Raphaël DREYFUS (1967). L'intégrale d'Euripide est traduite et annotée par Marie DELCOURT-CURVERS (1966).

Dans Le Livre de Poche

Sophocle, *Antigone*, traduction de Paul MAZON. Présentation, notes et commentaires de Paul DEMONT (1989).
Aristote, *Poétique*. Introduction, traduction nouvelle et annotation de Michel MAGNIEN (1990).

Études

La bibliographie critique, française et internationale, est évidemment immense. On s'en convaincra en parcourant le dossier établi par Daniel JAKOB et Suzanne SAÏD, paru dans *Mètis. Revue d'anthropologie du monde grec ancien*, volume III, 1-2, 1988. Les pages 363-407 donnent une « bibliographie sélective » des travaux sur Eschyle, Sophocle et Euripide pour les années 1500 à 1900. Les pages 409-512 se contentent de recenser « quelques orientations » pour les travaux parus de 1900 à 1988, classés par auteur et par problème.

Pour s'en tenir à *Œdipe Roi* on dispose de plusieurs commentaires suivis : R. D. DAWE (Cambridge, 1982), O. LONGO (Florence, 1972), J. C. KAMERBEEK (Leyde, 1967). Suzanne SAÏD ne cite plus le commentaire de Louis ROUSSEL (Paris, Les Belles Lettres, 1940), dont les explications restent faciles à suivre pour un lecteur non-helléniste. Le dernier commentaire disponible est celui déjà cité de Jean BOLLACK (Presses Universitaires de Lille, 1990). Pratiquement pour chaque vers, J. BOLLACK passe en revue toute la tradition savante qui le précède, et reconstitue les chaînes de raisonnements et d'arguments, le plus souvent implicites, qui mènent à une traduction ponctuelle. Le lecteur désireux de savoir pourquoi J. BOLLACK propose telle ou telle lecture est donc invité à s'y reporter, même si le non-helléniste aura sans doute du mal à suivre le fil.

Table

ŒDIPE ROI

Composition réalisée par COMPOFAC – PARIS

Imprimé en France sur Presse Offset par

BRODARD & TAUPIN

GROUPE CPI

La Flèche (Sarthe).
N° d'imprimeur : 15050 – Dépôt légal Édit. 27637-10/2002
Librairie Générale Française - 43, quai de Grenelle - 75015 Paris.

ISBN : 2 - 253 - 06713 - X   30/4632/3